차시	날짜	빠르기	정확도	확인란
1	월 일	타	%	
2	월 일	타	%	
3	월 일	타	%	
4	월 일	타	%	
5	월 일	타	%	
6	월 일	타	%	
7	월 일	타	%	
8	월 일	타	%	
9	월 일	타	%	
10	월 일	타	%	
11	월 일	타	%	
12	월 일	타	%	

차시	날짜	빠르기	정확도	확인란
13	월 일	타	%	
14	월 일	타	%	
	일	타	%	
16	월 일	타	%	
17	월 일	타	%	
18	월 일	타	%	
19	월 일	타	%	
20	월 일	타	%	
21	월 일	타	%	
22	월 일	타	%	
23	월 일	타	%	
24	월 일	타	%	

이 책의 목차

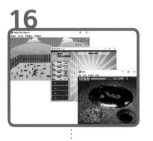

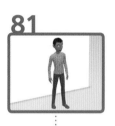

처음부터 차근차근 따라하다 보면
어느새 컴퓨터와 친해져요!!

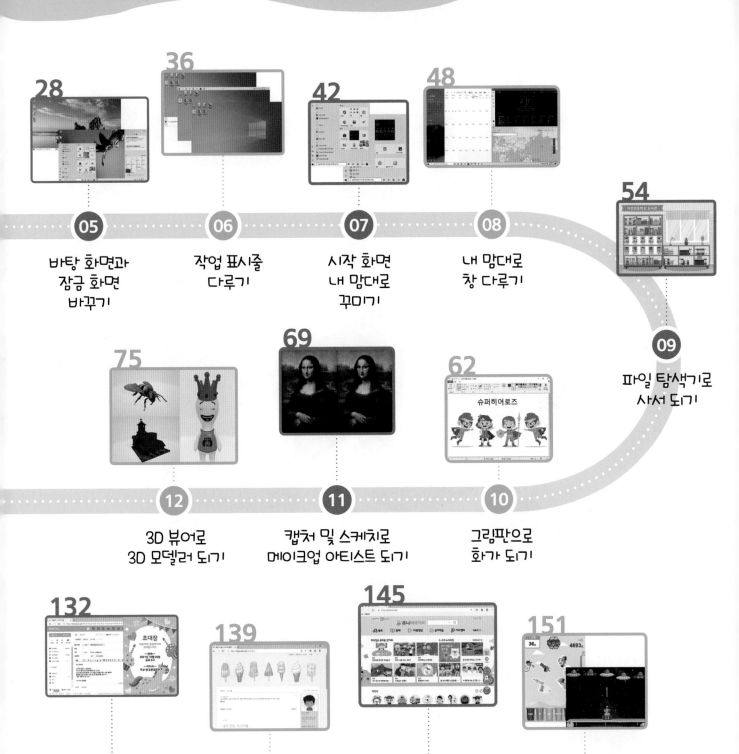

컴퓨터와 친해지기

방과후학교 컴퓨터 수업을 처음 듣게 된 영서는 걱정부터 앞섭니다. 컴퓨터로 유튜브 동영상을 보는 것 말고는 할 줄 아는 것이 없기 때문입니다. 영서가 컴퓨터와 친해질 수 있도록 컴퓨터 기초 여행을 시작해 볼까요?

학습목표

★ 타자 연습의 "자리연습 1단계"를 통해 글자판의 위치를 익힐수 있습니다.
★ 컴퓨터를 구성하는 장치들을 이해하고, 컴퓨터를 안전하게 켜고 끌 수 있습니다.
★ 컴퓨터실에서 지켜야 할 예절을 이해하고 실천할 수 있습니다.

 미리보기

오늘 배울 기능

» **컴퓨터 기본 구성 장치 :** 본체, 모니터, 키보드, 마우스
» **컴퓨터 주변 장치 :** 스피커, 프린터, 스캐너, 디지타이저, 헤드셋, 화상 카메라, USB 메모리, 프로젝터
» **컴퓨터 켜고 끄기**

...

 컴퓨터의 구성 장치

컴퓨터를 구성하는 기본 장치에요.

❶ **본체** : 컴퓨터가 동작할 때 필요한 중요한 장치들이 들어 있어요.

❷ **모니터** : 컴퓨터에서 처리한 결과를 TV처럼 보여줘요.

❸ **키보드** : 한글이나 영어, 숫자 등을 입력할 수 있어요.

❹ **마우스** : 모니터에서 위치를 가리키거나 아이콘을 선택할 수 있어요.

- 노트북 컴퓨터는 들고 다니면서 사용하기 편하도록 만든 컴퓨터에요.
- 노트북에서 본체, 모니터, 키보드를 찾아서 이름을 적어 볼까요?

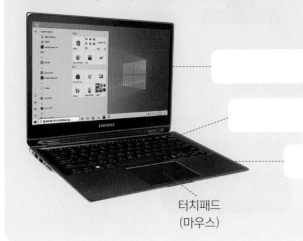

터치패드
(마우스)

컴퓨터와 함께 사용되는 주변 장치들이에요.

❶ 스피커

· 컴퓨터에서 나오는 소리나 음악을 들려줘요.

❷ 프린터

· 모니터 화면에 보이는 내용을 종이에 출력해 줘요.

❸ 스캐너

· 문서나 사진, 그림 등을 모니터 화면에 보여 줘요.

❹ 디지타이저

· 마우스와 같은 역할을 하는데, 펜으로 그림을 그리듯이 입력할 수 있어요.

❺ 헤드셋

· 헤드폰과 마이크로 구성된 장치로, 다른 사람과 음성 통신을 가능하게 해줘요.

❻ 화상 카메라

· 내 모습을 다른 사람에게 보여 줘서 영상 통화처럼 화상 통신을 가능하게 해줘요.

❼ USB 메모리

· 문서나 사진, 동영상 파일 등을 저장해 가지고 다니기 편리해요.

❽ 프로젝터

· 모니터의 화면을 다른 스크린에 확대해 보여 줘요.

컴퓨터 켜고 끄기

· 컴퓨터를 사용하기 위해서는 가장 먼저 모니터와 본체의 전원을 켜야 해요.

· 컴퓨터 사용이 끝나면 본체와 모니터의 전원을 꺼야 해요.

컴퓨터 켜기

01 모니터의 오른쪽이나 가운데 아래에 있는 전원 버튼(⏻)을 누르면 모니터가 켜져요.

02 본체의 앞이나 위에 있는 전원 버튼(⏻)을 누르면 본체가 켜져요.

컴퓨터 끄기

01 [시작(⊞)]-[전원(⏻)]-[시스템 종료]를 클릭하면 실행 중인 앱이 모두 종료되고 본체가 꺼져요.

02 모니터의 전원 버튼을 누르면 모니터가 꺼져요.

· [절전] 메뉴는 컴퓨터가 켜진 상태에서 전원 사용을 최소화하며, 절전 모드를 해제하면 즉시 이전 상태로 돌아와요.

· [다시 시작] 메뉴는 앱을 모두 닫고 컴퓨터가 꺼졌다가 다시 시작해요.

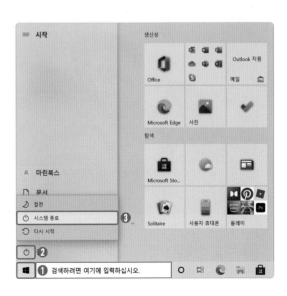

3 컴퓨터실에서 지켜야 할 예절

· 컴퓨터실의 컴퓨터는 여러 사람이 함께 사용하기 때문에 예절을 지켜야 해요.

· **"컴퓨터실에서 지켜야 할 예절"**을 읽어보고 빈 칸에 들어갈 내용을 적어 보세요.

컴퓨터실에서 지켜야 할 예절

1. [   ] 과 필기도구를 가지고 옵니다.
2. 음식물을 가지고 오지 않습니다.
3. 자신의 자리에 앉아 [   ] 연습을 합니다.
4. 돌아다니거나 떠들지 않습니다.
5. 질문이 있으면 조용히 [   ] 만 듭니다.
6. 허락 없이 인터넷이나 게임을 하지 않습니다.
7. [   ] 을 설치하거나 삭제하지 않습니다.
8. 바탕화면, 폴더, 파일 등을 변경하지 않습니다.
9. 컴퓨터가 파손되지 않도록 사용합니다.
10. 수업이 끝나면 [   ] 를 끄고 자리를 정리 합니다.

· 컴퓨터실에서 또 어떤 예절을 지켜야 할지 생각해 보고 한 가지만 적어 보세요.

1 다음의 컴퓨터 시스템에서 각 장치의 이름을 적어 보세요.

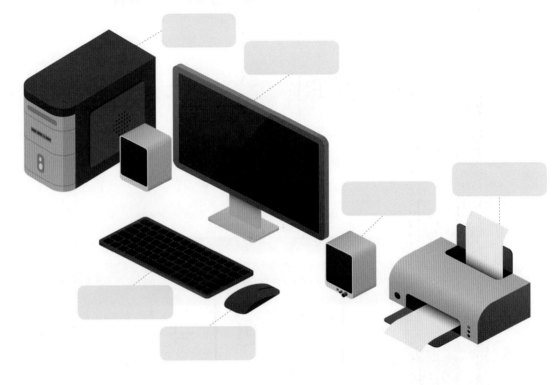

2 컴퓨터를 끄는 과정을 순서대로 나열한 후 컴퓨터를 직접 꺼보세요.

① [시작(⊞)] 버튼을 클릭합니다.
② [시스템 종료]를 클릭합니다.
③ [전원(⏻)] 버튼을 클릭합니다.
　(본체의 전원 버튼 아님)

(　　) → (　　) → (　　)

3 다음 중 컴퓨터실에 가져오면 안 되는 것들을 O 표시해 보세요.

| 식판 | 책 | 물총 |
| 필기도구 | 축구공 | 떡볶이 |

02 키보드와 친해지기

영서는 키보드를 볼 때마다 너무 복잡해 보여서 어떻게 누르는 건지 궁금했습니다. 키 하나에 문자가 2~3개 있는 것도 있고, 영어가 무슨 암호처럼 보였기 때문입니다. 컴퓨터를 사용할 때 없어서는 안 될 키보드와 친해질 수 있도록 다함께 키보드에 대해서 알아보겠습니다.

학습목표
★ 타자 연습의 "자리연습 2단계"를 통해 글자판의 위치를 익힐 수 있습니다.
★ 키보드의 주요 키들의 기능을 이해할 수 있습니다.
★ 키보드 미션 파일을 열고 풀이에 해당하는 낱말을 입력할 수 있습니다.

실습 파일 : 키보드 미션.hwp   완성 파일 : 키보드 미션(완성).hwp

미리보기

오늘 배울 기능

» **키보드의 구성 :** 문자키, 숫자키, 기호키, 이동키, 특수키, 기능키
» **키보드 미션 수행하기**
» **타자 연습하기**

1 키보드에는 어떤 키들이 있을까요?

❶ 문자키 : 한글의 자음과 모음, 영어 알파벳을 입력할 수 있어요.

❷ 숫자키 : 0부터 9까지의 숫자를 입력할 수 있어요.

❸ 기호키 : +, −, * , / 등 다양한 기호를 입력할 수 있어요.

❹ 이동키 : 커서(깜빡이는 일자 모양)의 위치를 이동할 수 있어요.

Home	홈	커서를 줄의 처음으로 이동	Page Up	페이지 업	한 화면 앞으로 이동
End	엔드	커서를 줄의 끝으로 이동	Page Down	페이지 다운	한 화면 뒤로 이동

❺ 특수키 : 각 키마다 특수한 기능을 수행할 수 있어요.

Esc	이에스씨	진행 중인 작업을 취소하거나 현재 상황을 빠져나옴
Enter	엔터	명령을 입력하여 실행시키거나 커서를 다음 줄로 이동시킴
Space Bar	스페이스 바	빈 칸을 삽입함
←	백 스페이스	커서 왼쪽의 글자를 지움
Tab	탭	커서를 8칸씩 이동시키거나 다음 항목으로 이동함
Shift	시프트	영어 대문자나 한글 쌍자음, 'ㅐ', 'ㅖ' 또는 해당 키의 두 번째 기호를 입력함
Ctrl	컨트롤	단독으로 사용하지 않고 다른 키와 함께 사용함 (예 Ctrl+S : 파일 저장)
Alt	알트	단독으로 사용하지 않고 다른 키와 함께 사용함 (예 Alt+F4 : 창이나 프로그램 종료)
Insert	인서트	입력할 때 뒤의 글자를 지우면서 수정할지, 그대로 두고 삽입할지 선택함
Delete	딜리트	커서 오른쪽의 글자를 지움
Caps Lock	캡스락	오른쪽 위의 LED가 켜지면 대문자가 입력되고, 꺼지면 소문자가 입력됨
Num Lock	넘 락	오른쪽 위의 LED가 켜지면 키패드가 숫자로 입력되고, 꺼지면 숫자 아래의 기능이 실행됨

❻ 기능키(F1~F12) : 프로그램마다 지정된 기능을 수행할 수 있어요.

손가락 위치 익히기

01 손가락 두 개만으로 타자를 치는 '독수리 타법'은 속도가 느릴 뿐만 아니라 틀리게 입력하기 쉬워요.

02 손가락의 위치를 잘 확인하여 타자 연습을 해야 타자 실력이 쑥쑥 늘어요.

키보드로 입력을 해 볼까요?

01 작업 표시줄의 검색 상자를 마우스로 클릭하여 **"메모장"**을
입력하고 Enter 를 눌러서 메모장 앱을 실행하세요.

02 메모장 앱이 실행되면 키보드에서 한/영 을 눌러 한글이 입력되
도록 한 후에 다음의 순서대로 입력해 보세요.

❶ 자신의 이름을 입력하고 Enter 를 누르세요.

❷ 학교 이름을 입력하고 Enter 를 누르세요.

❸ 학년, 반, 번호를 입력하고 Enter 를 누르세요.

❹ "2+3=5"를 입력하고 Enter 를 누르세요.

❺ 한/영 을 누른 후 "Korea"를 입력해 보세요.

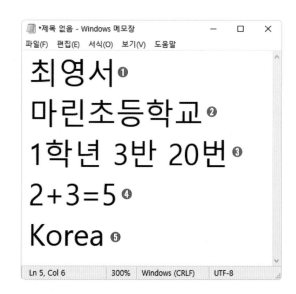

4 키보드 미션 수행하기

01 한글 프로그램을 실행하기 위해 **[시작(⊞)]–[한글]**을 선택하세요.

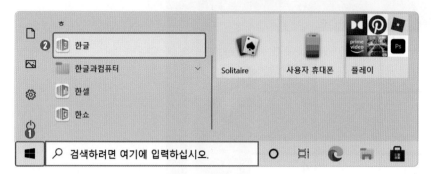

02 **[파일]–[불러오기]** 메뉴를 선택하세요.

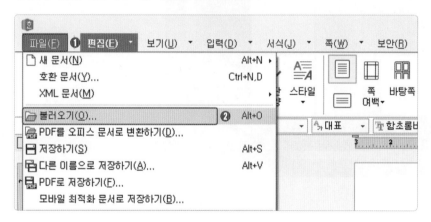

03 [불러오기] 대화상자가 나타나면 **[실습파일]–[2차시] 폴더**에서 '**키보드 미션.hwp**' 파일을 선택한 후 **[열기]** 버튼을 클릭하세요.

04 우주 비행사가 우주선까지 무사히 되돌아갈 수 있도록 풀이에 해당하는 낱말을 입력해 보세요.

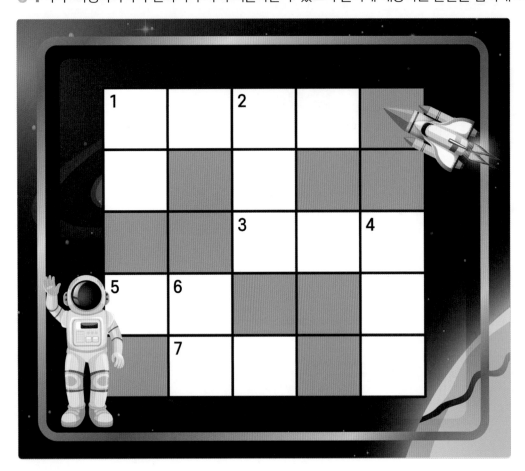

가로 풀이

❶ 나무로 만든 인형으로, 거짓말을 하면 코가 길어져요.

❸ 여성용 원피스로, 결혼할 때 입는 것을 웨딩○○○라고 해요.

❺ 키보드에서 명령을 입력하여 실행시키거나 커서를 다음 줄로 이동시키는 키로, 영어로 'Enter'라고 해요.

❼ 이가 썩거나 아플 때 가는 병원이에요.

세로 풀이

❶ 밀가루 반죽 위에 토마토, 치즈, 피망 등을 얹어 둥글고 납작하게 구운 파이에요.

❷ 컴퓨터에 한글이나 영어, 숫자 등을 입력할 수 있는 장치예요.

❹ 문서나 사진 등을 모니터 화면에 보여 주는 장치예요.

❻ 손을 대거나 건드리는 것을 말해요.

한 글자를 입력하고 키보드의 방향키를 이용하여 다른 칸으로 이동하여 다음 글자를 입력합니다.

혼자서 뚝딱뚝딱

1 다음 단어를 입력할 때 사용되지 않는 손가락에 O표 하세요.

컴퓨터실

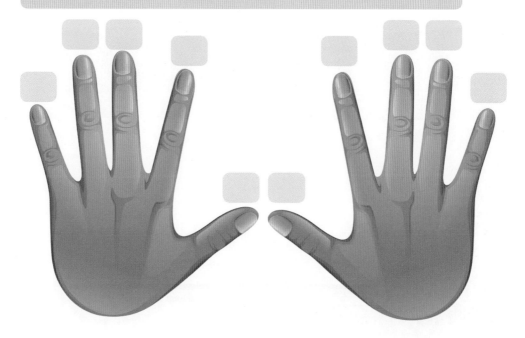

2 [한컴 타자연습]에서 위쪽의 [케이크던지기] 메뉴를 클릭하여 타자 게임을 해 보세요.

마우스와 친해지기

영서는 마우스 수업을 한다는 얘길 듣고 이해가 되지 않았습니다. 왜냐하면 마우스는 모니터 화면에서 움직여서 그냥 누르는 게 전부인줄 알았거든요. 하지만 마우스는 버튼을 누르는 클릭 외에도 더블 클릭, 드래그 앤 드롭 등 다양한 기능이 있답니다. 우리 다함께 마우스와 좀 더 친해져 볼까요?

★ 타자 연습의 "자리연습 3단계"를 통해 글자판의 위치를 익힐 수 있습니다.
★ 마우스의 기능과 구성, 마우스 동작을 이해할 수 있습니다.
★ 마우스 연습 프로그램을 활용해 클릭과 더블 클릭, 드래그 앤 드롭을 연습할 수 있습니다.

실습 파일 : 두더지잡기.exe

미 리 보 기

오늘 배울 기능

» **마우스 구성** : 왼쪽 버튼, 오른쪽 버튼, 휠
» **마우스 동작** : 클릭(Click), 더블 클릭(Double Click), 드래그 앤 드롭(Drag and Drop), 스크롤(Scroll)
» **게임으로 마우스 동작 익히기**

1 쥐를 닮은 장치를 찾아 보세요.

나를 닮은
컴퓨터 장치는
무엇일까요?

( )

( )

쥐를 영어로 Mouse(마우스)라고 하
는데, 마우스 모양이 마치 쥐를 닮았다
고 해서 마우스로 이름 지어졌습니다.

( )

2 마우스의 구성 알아보기

01 마우스를 손으로 감싸 보세요. 손에 딱 들어맞죠?

02 검지에 있는 버튼을 **왼쪽 버튼**, 중지에 있는 버튼을 **오른쪽 버튼**, 그 사이에 있는 것을 **휠**이라고 해요.

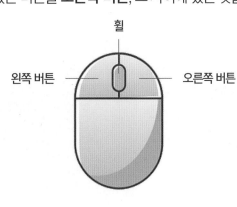

휠

왼쪽 버튼

오른쪽 버튼

마우스 동작 익히기

클릭(Click)

01 마우스의 왼쪽 버튼을 한 번 눌렀다가 떼는 동작이에요. 클릭하면 아이콘을 선택할 수 있어요.

02 바탕 화면에서 [휴지통] 아이콘을 클릭해 보세요. [휴지통] 아이콘이 선택되죠?

더블 클릭(Double Click)

01 마우스 왼쪽 버튼을 빠르게 두 번 연속하여 클릭하는 동작이에요. 더블 클릭하면 아이콘을 실행할 수 있어요.

02 바탕 화면에서 [휴지통] 아이콘을 더블 클릭해 보세요. [휴지통] 창이 열리면 닫기 (✕) 버튼을 클릭하여 닫으세요.

드래그 앤 드롭(Drag and Drop)

01 마우스 왼쪽 버튼을 누른 상태에서 마우스를 이동한 후 버튼에서 손을 떼는 동작이에요. 드래그 앤 드롭으로 아이콘을 이동할 수 있어요.

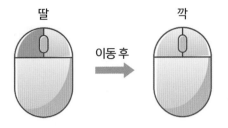

02 바탕 화면에서 [휴지통] 아이콘을 드래그 앤 드롭하여 아이콘의 위치를 이동시켜 보세요.

'드래그 앤 드롭'은 간단히 줄여서 '드래그'라고도 하며, 우리말로 '끌기'라고 해요.

스크롤(Scroll)

01 마우스 휠을 위 아래로 굴리는 동작이에요. 스크롤로 화면을 위 아래로 이동할 수 있어요.

위 아래로 굴림

02 바탕 화면에서 [Microsoft Edge] 아이콘(🌐)을 더블 클릭하여 실행한 후 스크롤 해보세요. 화면이 위 아래로 이동되죠?

바탕 화면에 [Microsoft Edge] 아이콘이 없으면 작업 표시줄의 검색 상자에 "edge"를 입력하고 Enter를 눌러도 마이크로소프트 엣지 앱이 실행돼요.

마우스를 클릭하여 두더지를 잡아라!

01 바탕 화면에서 [내 PC] 아이콘을 더블 클릭하세요.

꿀팁

바탕 화면에 [내 PC] 아이콘이 없으면 작업 표시줄의 검색 상자에 "내 PC"를 입력하고 Enter 를 눌러도 [내 PC] 앱이 실행됩니다.

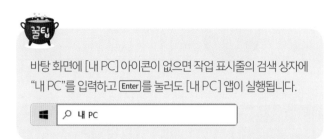

02 [실습파일]-[3차시] 폴더를 더블 클릭한 후 '두더지잡기.exe' 파일을 더블 클릭하여 실행하세요.

03 '두더지잡기' 앱이 실행되면 [Play] 버튼을 클릭한 후 구멍에서 나오는 두더지를 클릭하여 잡아 보세요.

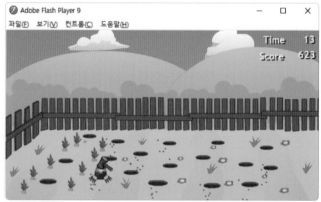

1 [실습파일]-[3차시]의 '클릭팜.exe'를 더블 클릭하여 실행한 후 화면에 보이는 밭을 클릭하여 농작물을 성장시켜 보세요.

· 실습 파일 : 클릭팜.exe

힌트★
① [PLAY]-[PLAY]-[Continue] 버튼을 차례대로 클릭하여 게임을 시작합니다.
② 밭을 클릭할수록 농작물이 성장하며 농작물을 수확하면 돈을 획득합니다.
③ 획득한 돈으로 다른 농작물을 재배할 수 있습니다.

2 [실습파일]-[3차시]의 '고기굽기.exe'를 더블 클릭하여 실행한 후 고기를 노릇노릇 맛있게 구워 보세요.

· 실습 파일 : 고기굽기.exe

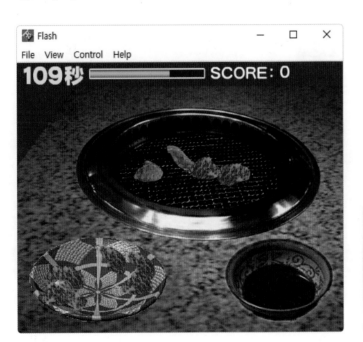

힌트★
① 시작(먹기) 버튼을 클릭합니다.
② 생고기를 드래그하여 불판 위로 옮긴 후 클릭하여 뒤집어줍니다.
③ 고기가 앞뒤로 잘 익으면 구운 고기를 드래그하여 소스로 옮깁니다.

윈도우 10 시작하기

지섭이는 컴퓨터가 고장 나면 윈도우를 지웠다가 새로 설치하면 된다는 말을 들은 적이 있습니다. 그런데 윈도우가 정확하게 어떤 것인지 아직 잘 모릅니다. 운영체제가 무엇이고 윈도우는 또 무엇인지 다함께 알아볼까요?

★ 타자 연습의 "자리연습 4단계"를 통해 글자판의 위치를 익힐 수 있습니다.
★ 운영체제의 개념과 윈도우 10의 화면 구성을 이해할 수 있습니다.
★ 윈도우 10에 설치된 앱을 다양한 방법으로 실행할 수 있습니다.

미리보기

오늘 배울 기능

» 운영체제의 개념과 하는 일 알아보기
» 윈도우 10의 화면 구성 요소 알아보기
» 앱을 실행하는 여러 가지 방법 알아보기

운영체제란 무엇일까요?

· 운영체제는 사용자와 컴퓨터 장치 사이에서 컴퓨터를 편리하게 사용할 수 있도록 도와주는 프로그램이에요.

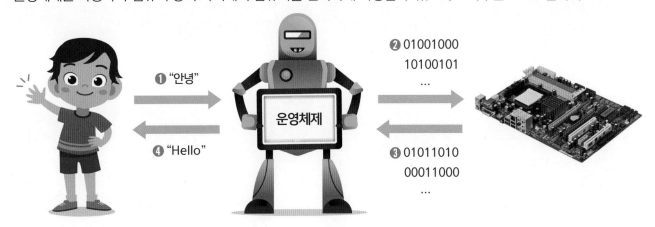

운영체제가 하는 일

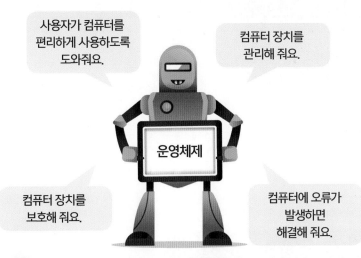

 운영체제의 종류

· 개인용 컴퓨터에 사용되는 PC 운영체제에는 윈도우 10, 맥OS, 리눅스 등이 있어요.

Windows 10

· 스마트폰에 사용되는 모바일 운영체제에는 안드로이드, iOS 등이 있어요.

3 윈도우 10은 어떻게 생겼을까요?

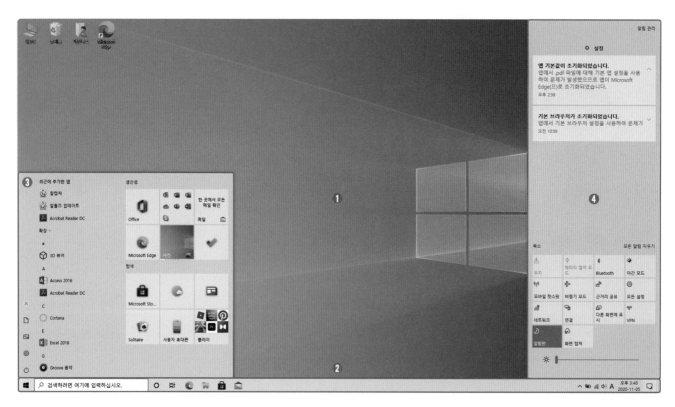

❶ **바탕 화면** : 컴퓨터의 바탕이 되는 기본 화면으로, 아이콘들이 있어요.

❷ **작업 표시줄** : 현재 실행 중인 아이콘이나 고정 아이콘이 표시돼요.

❸ **시작 화면** : [시작(■)] 버튼을 누르면 나타나는 화면이에요.

❹ **알림 센터** : 새로운 알림을 알려주고 설정을 편리하게 사용할 수 있어요.

꿀팁

미국의 '마이크로소프트'라는 회사에서 개발한 운영체제인 윈도우(Windows)는 계속해서 발전하고 있습니다.

▲ 윈도우 3.0   ▲ 윈도우 95   ▲ 윈도우 98

▲ 윈도우 XP   ▲ 윈도우 7   ▲ 윈도우 8

④ 앱을 실행하는 여러 가지 방법

01 [시작(▦)] 버튼을 눌러 왼쪽의 사전 순 목록에서 마우스 휠을 아래로 내려 **[Microsoft Edge]**를 클릭하여 실행할 수 있어요. 앱이 실행되면 닫기(✖)버튼을 클릭하여 앱을 닫으세요.

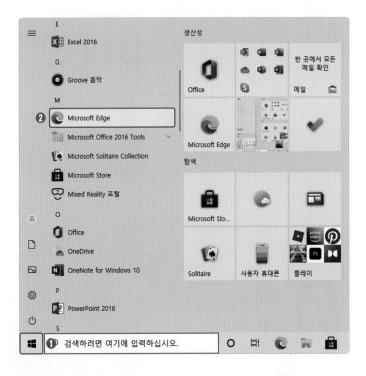

02 [시작(▦)] 버튼을 눌러 오른쪽의 라이브 타일 앱에서 [Microsoft Edge]를 클릭하여 실행할 수도 있어요. 앱이 실행되면 닫기(✖) 버튼을 클릭하여 앱을 닫으세요.

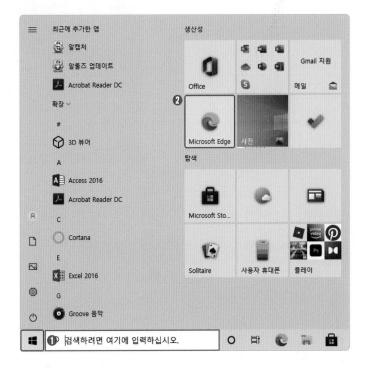

03 작업 표시줄의 검색 상자에 앱 이름인 "microsoft edge" 또는 "edge"를 입력하고 [Enter]를 눌러 실행할 수도 있어요. 앱이 실행되면 닫으세요.

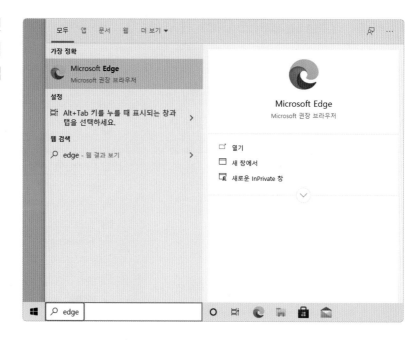

04 바탕 화면의 [Microsoft Edge] 아이콘을 더블 클릭하여 실행할 수도 있어요. 앱이 실행되면 닫으세요.

05 작업 표시줄에 고정된 [Microsoft Edge] 아이콘을 클릭하여 실행할 수도 있어요. 앱이 실행되면 닫으세요.

혼자서 뚝딱뚝딱

1 윈도우 10 화면의 구성 요소 이름을 적어 보세요.

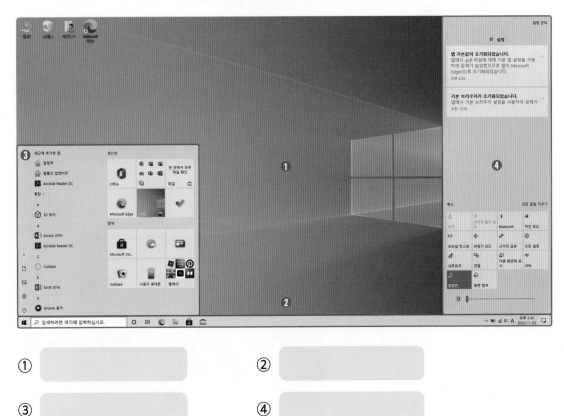

① [   ] ② [   ]

③ [   ] ④ [   ]

2 스티커 메모 앱(📝 스티커 메모)을 실행하고 왼쪽 위의 [새 메모(➕)] 버튼을 클릭하여 새 메모를 만든 후 키보드의 [윈도우 키(⊞)]+⎁를 눌러 예쁜 이모티콘을 활용하여 다음과 같이 입력해 보세요.

  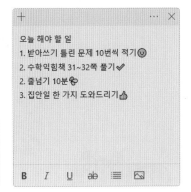

힌트 ★
스티커 메모 앱을 처음 실행하면 로그인 창이 나타나는데, 닫기(❎) 버튼을 클릭하면 됩니다.

바탕 화면과 잠금 화면 바꾸기

지섭이는 아빠가 집에서 사용하시는 컴퓨터와 학교 컴퓨터실 컴퓨터의 모니터에 보이는 그림이 다른 걸 보고 어떻게 하면 그림을 바꿀 수 있을지 궁금했습니다. 지섭이와 함께 바탕 화면과 잠금 화면을 어떻게 바꾸는지 알아볼까요?

★ 타자 연습의 "자리연습 5단계"를 통해 글자판의 위치를 익힐 수 있습니다.
★ 윈도우10의 바탕 화면과 잠금 화면을 변경할 수 있습니다.
★ 테마를 변경할 수 있습니다.

실습 파일 : 자물쇠.jpg

미리보기

오늘 배울 기능

» **바탕 화면 아이콘 관리하기** : 아이콘 정렬, 아이콘 삭제
» **바탕 화면 배경 바꾸기** : [설정]-[개인 설정]-[배경]
» **잠금 화면 바꾸기** : [설정]-[개인 설정]-[잠금 화면]

바탕 화면(Desktop)은 책상 위를 의미해요.

책상 위에는 어떤 것들이 있을까요?

여러분의 책상 위를 그려 보세요.

컴퓨터 바탕 화면에는 어떤 것들이 있을까요?

무엇에 대한 설명인지 생각해 보고 이름을 적어 보세요.

앱을 실행하거나 컴퓨터를 끌 수 있어요.

현재 실행 중이거나 고정 아이콘이 표시돼요.

앱이나 문서 관련 내용을 검색할 수 있어요.

모든 창을 최소화 시키고 바탕 화면을 보여 줘요.

자주 사용하는 아이콘이 있어요.

시스템 상태나 앱의 알림을 표시해요.

바탕 화면 아이콘 관리하기

아이콘 정렬하기

01 아이콘을 정렬하기 위해 바탕 화면의 빈 곳에서 마우스 오른쪽 버튼을 클릭하여 나타나는 바로 가기 메뉴에서 **[정렬 기준]-[이름]**을 선택하면 아이콘이 이름순으로 정렬돼요.

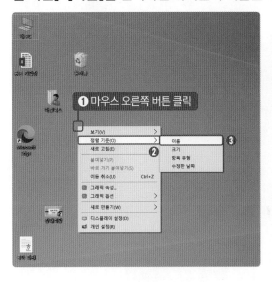

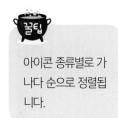

아이콘 종류별로 가나다 순으로 정렬됩니다.

아이콘 삭제하기

01 사용하지 않는 아이콘을 삭제하려면 삭제하려는 아이콘 위에서 마우스 오른쪽 버튼을 클릭하여 나타나는 바로 가기 메뉴에서 **[삭제]**를 선택하세요.

02 [삭제 확인] 대화상자가 나타날 경우 **[예(Y)]** 버튼을 클릭하세요.(휴지통 설정에 따라 [삭제 확인] 대화상자가 표시되지 않을 수도 있습니다.)

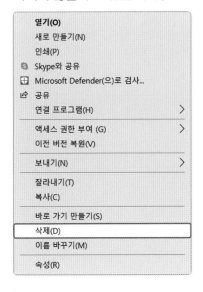

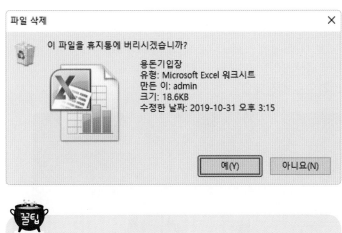

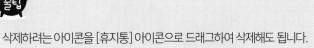

삭제하려는 아이콘을 [휴지통] 아이콘으로 드래그하여 삭제해도 됩니다.

3 바탕 화면 배경 바꾸기

01 바탕 화면의 빈 곳에서 마우스 오른쪽 버튼을 클릭하여 나타나는 바로 가기 메뉴에서 **[개인 설정]**을 선택하세요.

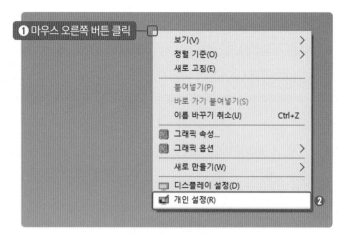

[시작]-[설정]-[개인 설정] 메뉴를 클릭해도 됩니다.

02 **[사용자 사진 선택]**에서 원하는 사진을 선택하세요.

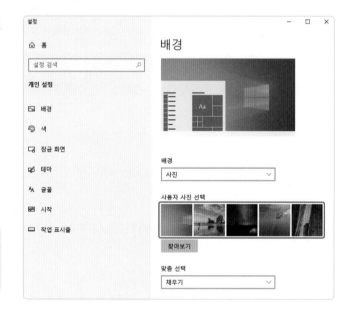

[찾아보기] 버튼을 클릭하면 다른 사진을 선택할 수 있습니다.

03 선택한 사진이 배경으로 설정돼요.

4 테마 변경하기

01 테마(Theme)란 배경, 색, 소리, 마우스 커서의 설정을 저장한 것을 말해요.

02 바탕 화면의 빈 곳에서 마우스 오른쪽 버튼을 클릭하여 나타나는 바로 가기 메뉴에서 **[개인 설정]**을 선택한 후 왼쪽의 **[테마]**를 선택하고 기본 테마 중에서 원하는 것을 선택하세요.

03 선택한 테마가 적용돼요.

잠금 화면 변경하기

01 **잠금 화면**이란 컴퓨터를 처음 켰을 때나 잠시 자리를 비웠을 때 컴퓨터가 잠기면서 보여지는 화면이에요.

02 [개인 설정] 창에서 왼쪽의 **[잠금 화면]**을 선택하고 **[배경]**에 사진을 선택한 후 **[찾아보기]** 버튼을 클릭하세요.

03 [열기] 대화상자가 나타나면 **[실습 파일]-[5차시]** 폴더에서 **'자물쇠.jpg'** 파일을 선택한 후 **[사진 선택]** 버튼을 클릭하세요.

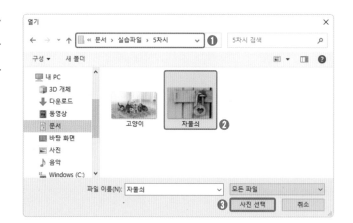

04 **[시작(⊞)]-[전원(⏻)]-[다시 시작]**을 클릭하여 선택한 사진이 잠금 화면에 적용된 것을 확인하세요.

1 바탕 화면 배경을 [실습파일]-[5차시] 폴더의 '고양이.jpg' 사진으로 지정해 보세요.

· 실습 파일 : 고양이.jpg

2 잠금 화면을 [실습파일]-[5차시] 폴더의 '보안.jpg' 사진으로 지정해 보세요.

· 실습 파일 : 보안.jpg

작업 표시줄 다루기

영서는 작업 표시줄이 현재 실행 중인 아이콘이나 고정 아이콘들이 표시된다고 배웠어요. 그런데 작업 표시줄은 아래에만 있는 줄 알았는데, 크기도 조절되고 이동도 가능하고 심지어는 숨길 수도 있다고 하네요. 작업 표시줄을 내 마음대로 다룰 수 있도록 배워볼까요?

학습목표

★ 타자 연습의 "자리연습 6단계"를 통해 글자판의 위치를 익힐 수 있습니다.
★ 작업 표시줄의 크기와 위치를 변경하고 숨길 수 있습니다.
★ 소리의 크기를 변경할 수 있습니다.

미리보기

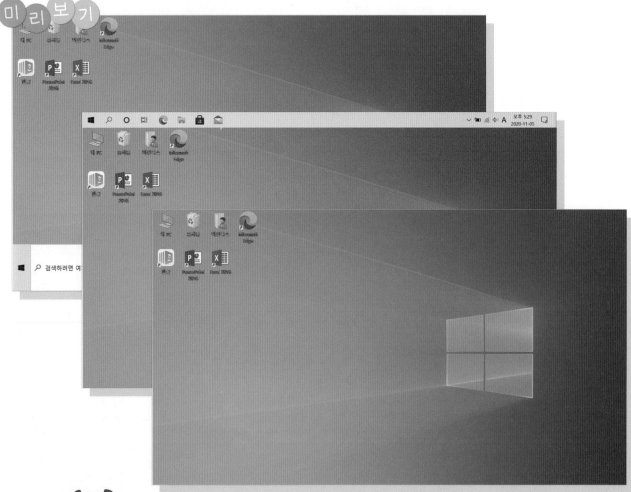

오늘 배울 기능

» 작업 표시줄 크기 변경, 위치 이동, 자동 숨기기
» 자주 사용하는 프로그램의 아이콘 등록하기

작업 표시줄의 크기 변경하기

01 작업 표시줄의 크기를 변경할 수 있도록 [작업 표시줄]의 빈 공간에서 마우스 오른쪽 버튼을 클릭한 후 **[작업 표시줄 잠금]**을 클릭하여 체크 표시를 해제하세요.

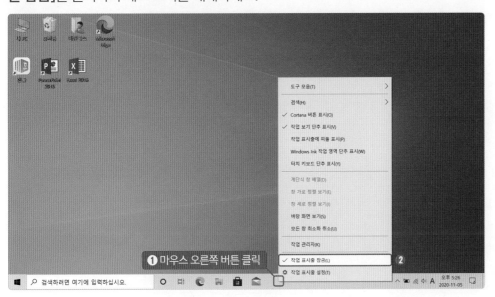

02 작업 표시줄과 바탕 화면의 경계선에서 마우스 포인터가 **이중 화살표(↕) 모양**으로 바뀌면 위/아래로 드래그해 보세요.

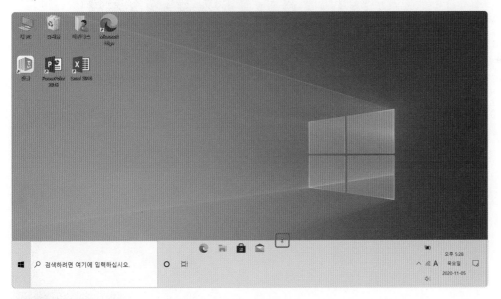

위쪽으로 드래그하면 작업 표시줄의 크기가 커지고, 아래쪽으로 드래그하면 작아져요.

・작업 표시줄은 크게 해서 사용하면 어떤 장점이 있을까요?

작업 표시줄의 위치 변경하기

01 작업 표시줄 위에서 마우스 포인터가 **화살표 모양(**⌖**)**일 때 위쪽으로 드래그해 보세요.

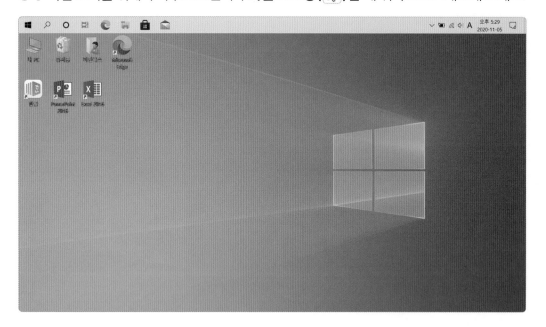

02 다음과 같이 작업 표시줄이 **왼쪽**, **오른쪽**에 위치하도록 만들어 보세요.

03 마지막으로 작업 표시줄이 원래 있던 아래쪽에 위치시키고 **[작업 표시줄 잠금]**을 설정해 보세요.

3 작업 표시줄 자동 숨기기

01 [작업 표시줄] 빈 공간에서 마우스 오른쪽 버튼을 클릭하여 **[작업 표시줄 설정]**을 선택한 후 **[데스크톱 모드에서 작업 표시줄 자동 숨기기]**를 켜보세요.

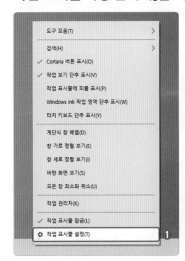
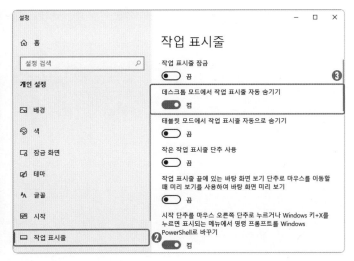

02 작업 표시줄이 자동으로 숨겨지죠? 마우스 포인터를 작업 표시줄 쪽으로 이동하면 다시 나타나요.

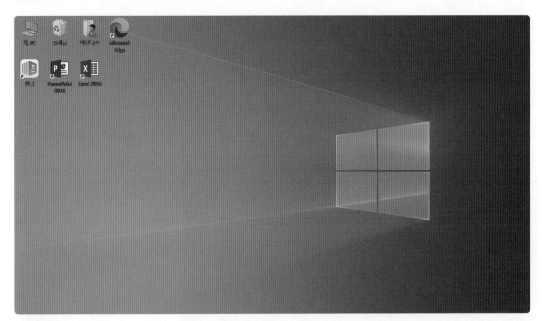

모니터의 크기가 작거나 바탕 화면을 좀 더 크게 사용하고 싶을 때 작업 표시줄을 숨기면 매우 유용합니다.

작업 표시줄에 아이콘 고정시키기

01 바탕 화면에서 아이콘을 마우스 오른쪽 버튼으로 클릭하여 **[작업 표시줄에 고정]** 메뉴를 선택하면 작업 표시줄에 해당 아이콘이 고정돼요.

바탕 화면의 아이콘을 작업 표시줄로 드래그해도 작업 표시줄에 고정됩니다.

02 작업 표시줄에 고정된 아이콘을 마우스 오른쪽 버튼으로 클릭하여 **[작업 표시줄에서 제거]** 메뉴를 선택하면 작업 표시줄에서 제거됩니다.

바탕 화면의 아이콘을 마우스 오른쪽 버튼으로 클릭하여 [작업 표시줄에서 제거] 메뉴를 선택해도 됩니다.

1 작업 표시줄을 다음과 같이 만들어 보세요.

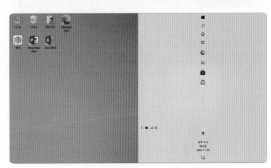

2 [계산기] 앱과 [Excel 2016] 앱의 아이콘을 작업 표시줄에 고정시켜 보세요.

힌트★

바탕 화면에 없는 앱은 [시작(⊞)] 버튼을 눌러 앱을 찾은 후 앱을 마우스 오른쪽 버튼으로 클릭하여 [자세히]-[작업 표시줄에 고정]을 클릭하면 됩니다.

07 시작 화면 내 맘대로 꾸미기

서연이는 학교 컴퓨터교실 컴퓨터에서 시작 버튼을 눌렀는데, 친구 컴퓨터에서 나타나는 화면과 달랐습니다. 앱이 설치된 게 달라서인지 아니면 설정을 다르게 해서 그런지 궁금했습니다. 컴퓨터를 사용하면서 자주 사용하게 되는 시작 화면을 내 마음대로 만들어 볼까요?

학습목표

★ 타자 연습의 "자리연습 7단계"를 통해 글자판의 위치를 익힐 수 있습니다.

★ 시작 화면에서 원하는 앱을 찾아 실행할 수 있습니다.

★ 시작 화면을 원하는 대로 만들 수 있습니다.

 미리 보기

오늘 배울 기능

» **원하는 앱 빨리 찾기** : 사전순 목록에서 앱 이름의 시작 문자 이용

» **앱을 시작 화면에 고정/제거하기** : [시작 화면에 고정] / [시작 화면에서 제거]

» **폴더 타일 생성 및 그룹 이름 지정하기**

1 윈도우 10 시작 화면 살펴보기

01 **시작 화면**은 [시작(⊞)] 버튼을 누르면 나타나는 화면으로, 앱이나 설정, 파일 등을 모두 시작 화면에서 찾을 수 있어요.

02 시작 화면은 다음과 같이 구성돼요.

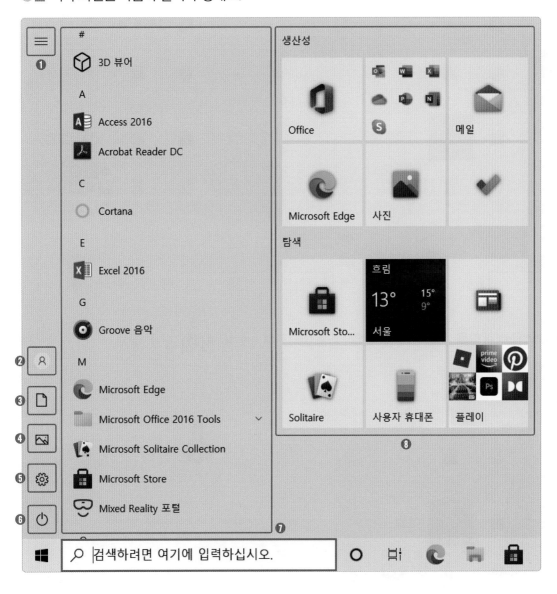

❶ **메뉴** : 마우스 포인터를 가져가면 모든 메뉴 항목의 이름이 표시돼요.

❷ **계정** : 로그인 된 계정이 표시되며, 계정 설정 변경, 잠금, 로그아웃을 할 수 있어요.

❸ **문서** : [내 PC]-[문서] 폴더를 나타내요.

❹ **사진** : [내 PC]-[사진] 폴더를 나타내요.

❺ **설정** : [Windows 설정]이 실행돼요.

❻ **전원** : 절전, 시스템 종료, 다시 시작을 실행할 수 있어요.

❼ **사전순 목록** : 숫자, A~Z, ㄱ~ㅎ과 같이 사전순으로 앱이 표시됩니다.

❽ **라이브 타일** : 앱을 타일 모양으로 시작 화면에 고정한 것으로, 날씨 등을 실시간으로 보여 줘요.

사전순 목록에서 앱 빨리 찾기

01 앱을 찾을 때 왼쪽의 사전순 목록에서 스크롤해도 되지만, 앱 이름의 시작 문자를 이용하여 더 빨리 찾을 수 있어요. **[도움말]** 앱을 찾기 위해 '**#**'을 클릭한 후 '**ㄷ**'을 클릭해 보세요.

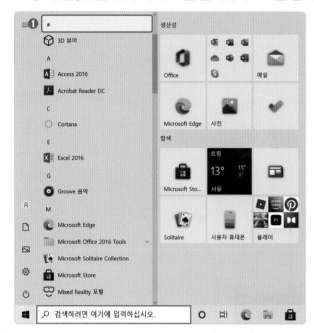
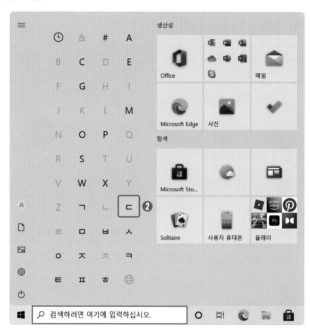

02 'ㄷ'으로 시작하는 앱을 바로 찾을 수 있어요. **[도움말]** 앱을 클릭하여 실행해 보세요.

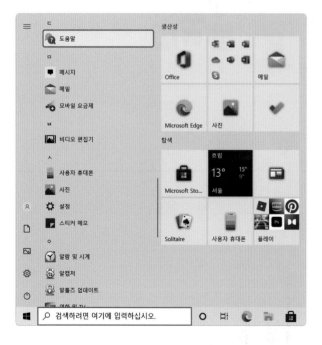

3 시작 화면 원하는 대로 만들기

01 [도움말] 앱 위에서 마우스 오른쪽 버튼을 클릭하고 **[시작 화면에 고정]**을 클릭하면 [도움말] 앱이 타일 형태로 고정됩니다. 다시 [도움말] 타일 위에서 마우스 오른쪽 버튼을 클릭하고 **[시작 화면에서 제거]**를 클릭하면 시작 화면에서 제거돼요.

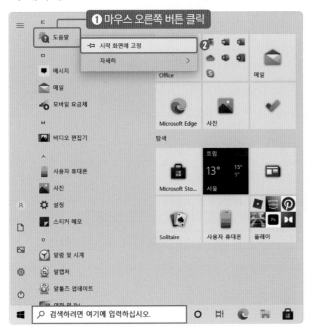
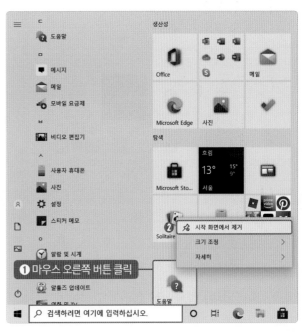

02 타일의 크기를 변경하기 위해 첫 번째 타일 위에서 마우스 오른쪽 버튼을 클릭하여 **[크기 조정]-[작게]**를 선택하세요. 같은 방법으로 **[넓게]**와 **[크게]**를 선택하면 어떻게 바뀌는지 확인해 보세요.

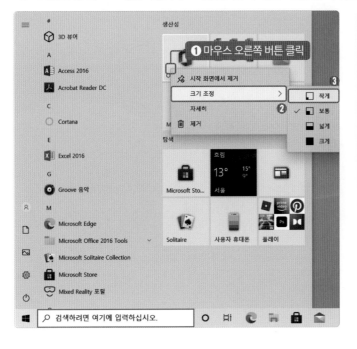
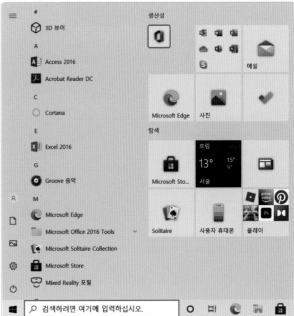

03 타일을 마우스 오른쪽 버튼으로 클릭하고 **[시작 화면에서 제거]** 또는 **[시작에서 폴더 고정 해제]**를 클릭하여 시작 화면에서 모든 타일을 제거해 보세요.

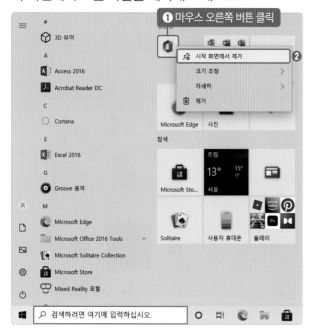 

04 다음과 같이 **[날씨]** 앱을 시작 화면에 고정한 후 크게 만들어 보세요.

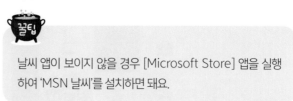

날씨 앱이 보이지 않을 경우 [Microsoft Store] 앱을 실행하여 'MSN 날씨'를 설치하면 돼요.

혼자서 뚝딱뚝딱

1 시작 화면에서 앱을 찾아 실행하고 "바탕 화면 아이콘"으로 검색하여 '데스크톱 아이콘 표시, 숨기기 또는 크기 조정'을 클릭한 후 바탕 화면(데스크톱)에서 모든 아이콘이 사라지도록 만들어 보세요.

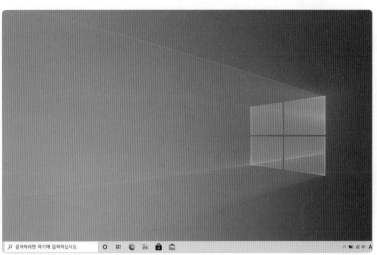

2 시작 화면에서 다음과 같이 [날씨], [일정], [스티커 메모], [메일], [알람 및 시계] 앱 타일을 배치해 보세요.

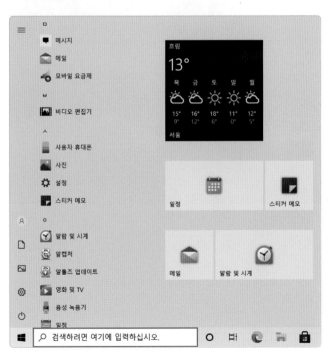

08 내 맘대로 창 다루기

영서는 가족 여행 계획을 세우기 위해 일정, 날씨, 지도 앱을 열어 놓고 작업을 하려는데, 창이 여러 개 있으니 너무 불편했어요. 어떻게 하면 영서가 창의 크기와 위치를 바꾸고, 원하는 대로 창을 배열할 수 있을지 다함께 알아볼까요?

★ 타자 연습의 "자리연습 8단계"를 통해 글자판의 위치를 익힐 수 있습니다.
★ 원하는 창으로 화면을 전환할 수 있습니다.
★ 여러 개의 창을 원하는 대로 배열할 수 있습니다.

미리보기

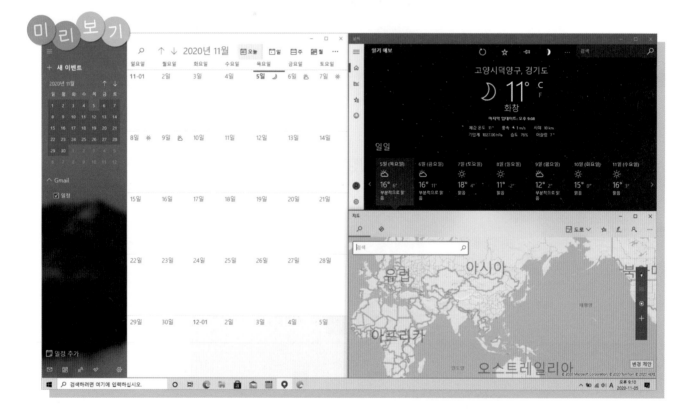

오늘 배울 기능

» 🔳, 🔲, 🗗, ✖ : 창 크기 최소화, 최대화, 이전 크기로 복원, 창 닫기
» 창 전환하기 : Alt + Tab
» 윈도우 키(🖽)+ ←/→/↑/↓ : 사용 중인 창을 왼쪽/오른쪽/최대화/최소화

창 크기 조절하기

01 파워포인트 프로그램을 실행하기 위해 [시작(■)]-[PowerPoint 2016]을 선택하세요.

02 프로그램이 실행되면 '**새 프레젠테이션**'을 클릭해요.

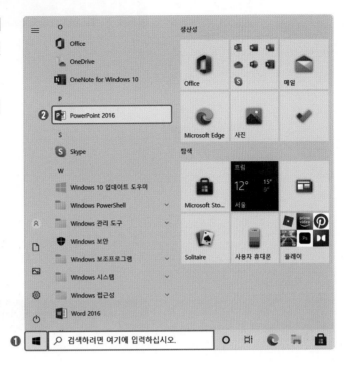

03 **최소화(▬)**버튼을 클릭하면 창이 숨겨져요.

04 작업 표시줄에서 파워포인트 아이콘(P)을 클릭한 후 **최대화(□)** 버튼을 클릭하면 창의 크기가 전체 화면에 꽉 차게 돼요.

05 최대화 상태에서 **이전 크기로 복원(⧉)** 버튼을 클릭하면 창의 크기가 이전 크기로 되돌아가요.

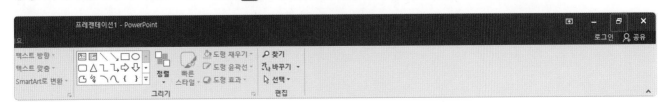

드래그하여 창 크기 조절하기

01 파워포인트 프로그램 창의 오른쪽 가
장자리에 마우스 포인터를 위치시키면 포인
터가 ↔ 모양으로 바뀌는데, 이 때 좌우로
드래그하면 창의 가로 크기를 조절할 수 있
어요.

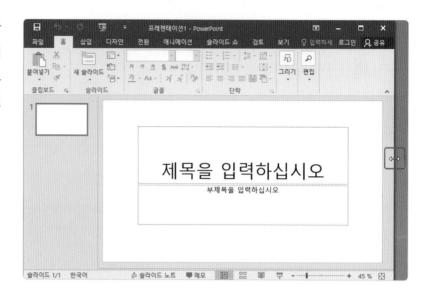

02 파워포인트 프로그램 창의 아래쪽 가
장자리에 마우스 포인터를 위치시키면 포인
터가 ↕ 모양으로 바뀌는데, 이 때 상하로
드래그하면 창의 세로 크기를 조절할 수 있
어요.

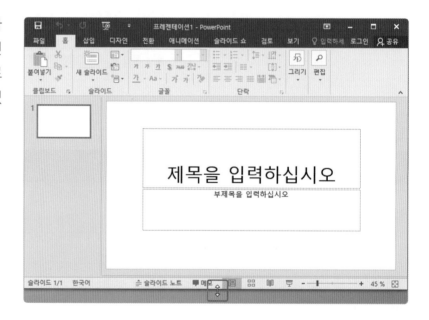

03 파워포인트 프로그램 창의 모서리에
마우스 포인터를 위치시키면 포인터가 ⬉
또는 ⬈ 모양으로 바뀌는데, 이 때 드래그
하면 가로와 세로 크기를 함께 조절할 수 있
어요.

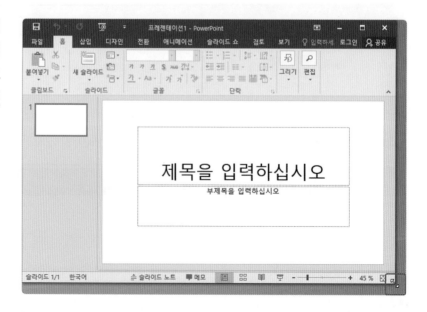

② 창 위치 이동하기

01 제목 표시줄을 드래그하면 창의 위치를 이동할 수 있어요.

02 제목 표시줄을 드래그하여 바탕 화면 왼쪽 끝까지 이동시키면 화면의 왼쪽 절반에 위치해요.

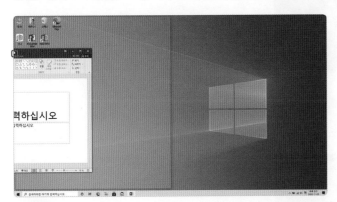 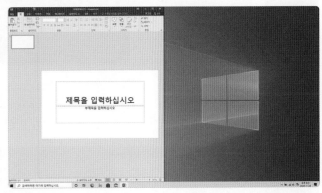

바탕 화면 오른쪽 끝까지 이동시키면 화면의 오른쪽 절반에 위치합니다.

03 제목 표시줄을 드래그하여 바탕 화면 위쪽 끝까지 이동시키면 창의 크기가 전체 화면에 꽉 차게 돼요.

 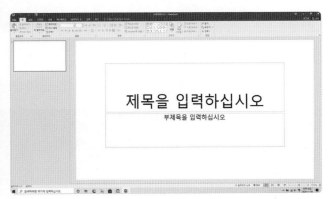

04 파워포인트 프로그램 창의 **닫기(❌)** 버튼을 클릭하여 닫아 주세요.

3 창 전환하기

01 [일정], [지도], [날씨] 앱을 차례로 실행시키세요.

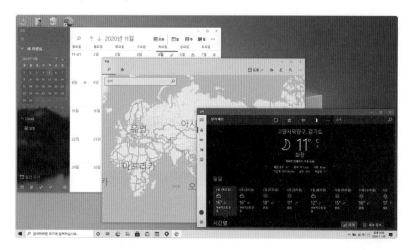

02 Alt + Tab 을 누르면 두 번째 프로그램인 지도 앱이 맨 앞에 배열돼요.

03 Alt 를 누른 상태에서 Tab 을 여러 번 누르면 현재 실행 중인 프로그램을 선택하여 전환할 수 있어요.

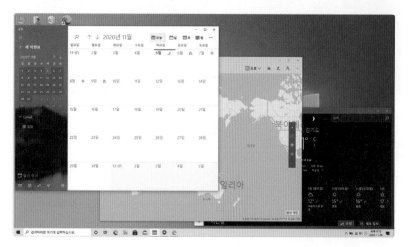

1 [메모장] 앱을 여러 개 실행하여 다음과 같이 탑을 쌓아 보세요.

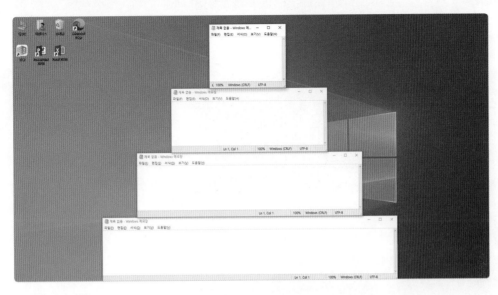

힌트★

작업 표시줄의 검색 상자에 "메모장"을 입력하고 Enter를 누르면 메모장이 실행됩니다.

2 [지도] 앱과 다른 앱들이 실행된 상태에서 아래의 물음에 답을 적어 보세요.

 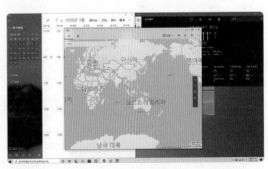

① [지도] 앱의 제목 표시줄을 클릭한 상태에서 좌우로 여러 번 흔들면 어떻게 되나요?

② 다시 [지도] 앱의 제목 표시줄을 좌우로 여러 번 흔들면 어떻게 되나요?

09 파일 탐색기로 사서 되기

수아는 학교 도서관에 갈 때마다 수많은 책들이 종류별로 분류가 잘 되어 있어서 정말 편리하게 이용하고 있습니다. 컴퓨터에도 파일들이 정말 많은데, 필요할 때 찾기 쉽도록 정리를 하고 싶습니다. 파일을 관리해주는 파일 탐색기에 대해 함께 알아볼까요?

학습목표

★ 타자 연습의 "낱말연습 1단계"를 통해 글쇠를 낱말로 연습할 수 있습니다.
★ 파일과 폴더에 대해 이해할 수 있습니다.
★ 폴더를 만들고 파일을 복사할 수 있습니다.

실습 파일 : 학교도서관.pptx   **완성 파일** : 학교도서관(자격증).pptx

미리보기

직업 알아보기

» 사서

도서관에서 사람들이 원하는 책을 쉽게 찾고 편리하게 이용할 수 있도록 책을 분류하고 책장에 배치합니다. 그리고 컴퓨터로 자료를 쉽게 찾을 수 있도록 자료를 정리합니다. 또한 책을 대출하고 반납하는 일도 합니다.

파일과 폴더부터 알아보아요

파일과 폴더는 무엇일까요?

서로 관계가 있는 것끼리 연결해 보세요.

파일 •   • 파일을 저장하는 공간 •   •

빈 폴더   마틴북스

폴더 •   • 문자, 그림, 음악, 동영상 등의 자료 •   •

파일과 폴더는 파일 탐색기에서 관리해요.

2 폴더 만들기

01 바탕 화면의 빈 공간에서 마우스 오른쪽 버튼을 클릭하여 나타나는 바로 가기 메뉴에서 **[새로 만들기]-[폴더]**를 선택한 후 새 폴더가 만들어지면 **"도서관"**을 입력한 후 Enter 를 누르세요.

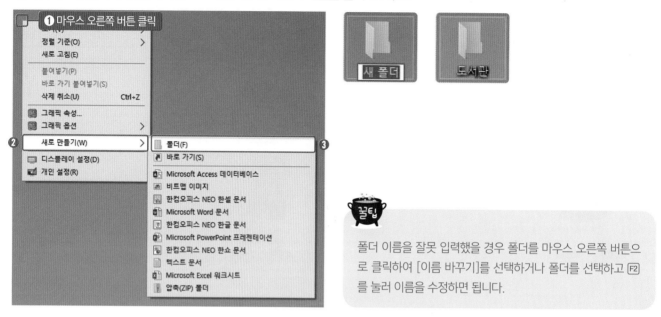

폴더 이름을 잘못 입력했을 경우 폴더를 마우스 오른쪽 버튼으로 클릭하여 [이름 바꾸기]를 선택하거나 폴더를 선택하고 F2 를 눌러 이름을 수정하면 됩니다.

02 폴더 안에 폴더를 만들기 위해 만들어진 폴더를 더블 클릭하여 창을 연 후에 같은 방법으로 **'자격증'** 폴더를 만드세요.

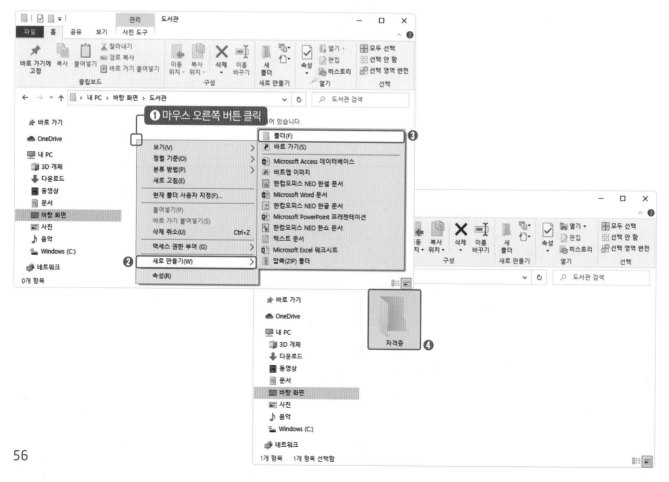

파일 복사하기

01 [실습파일]-[9차시]-[도서관 책] 폴더로 이동하세요.

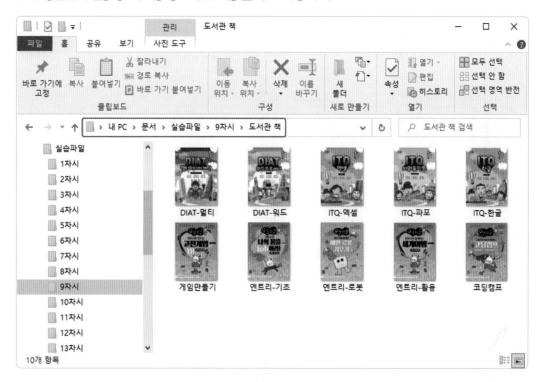

02 'DIAT-멀티' 파일을 클릭하고 Shift 를 누른 채 'ITQ-한글' 파일을 클릭한 후 [홈] 탭-[클립보드] 그룹-[복사]
를 클릭하세요.

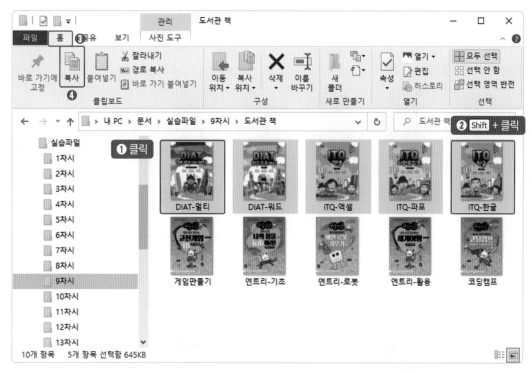

03 다시 바탕 화면의 **'도서관'** 폴더를 더블 클릭하고 **'자격증'** 폴더를 더블 클릭한 후 [홈] 탭-[클립보드] 그룹-[붙여넣기]를 클릭하여 복사된 파일들을 붙여 넣어요.

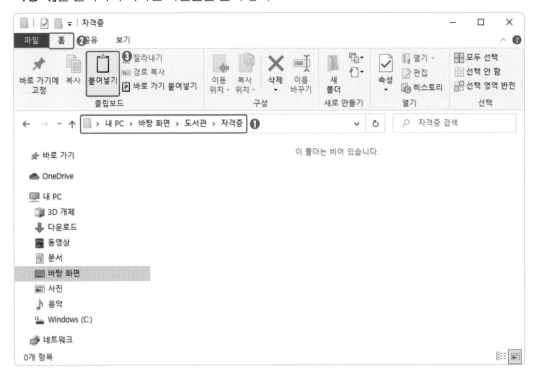

04 '도서관 책' 폴더에서 복사했던 5개의 파일이 생겨요.

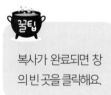

복사가 완료되면 창의 빈 곳을 클릭해요.

캡처하기

01 분류된 자격증 책들을 도서관 서재에 꽂기 위해 [시작]-[Windows 보조프로그램]-[캡처 도구]를 클릭하여 실행하세요.

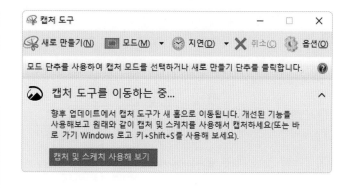

꿀팁

작업 표시줄의 검색 상자에 "캡처"를 입력하고 Enter 를 눌러도 [캡처 도구] 앱이 실행됩니다.

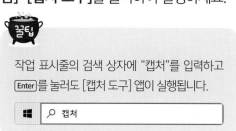

02 [자격증] 창을 선택하고 캡처 도구의 **[새로 만들기(새로 만들기(N))]**를 클릭하여 자격증 책의 이미지 부분을 드래그하여 복사하세요.

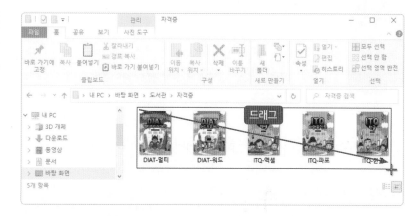

도서관 책장에 꽂기

01 [시작(⊞)]-[PowerPoint 2016]을 클릭하여 파워포인트 프로그램을 실행한 후 **[다른 프레젠테이션 열기]**를 클릭합니다.

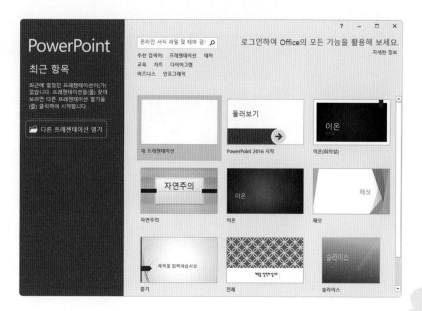

02 [찾아보기]를 클릭하여 [열기] 대화상자가 나타나면 [실습파일]-[9차시] 폴더의 '학교도서관.pptx' 파일을 선택한 후 [열기] 버튼을 클릭하세요.

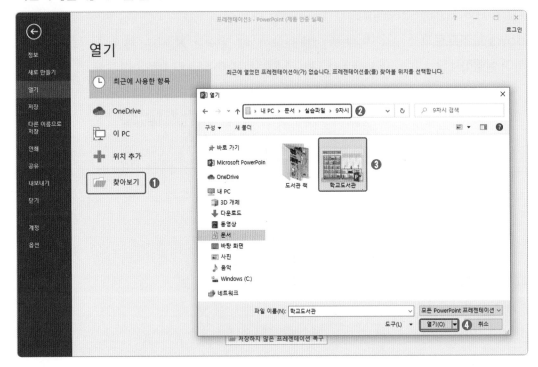

03 제목에 여러분의 학교 이름을 입력하고 [홈] 탭-[클립보드] 그룹-[붙여넣기]를 클릭하세요. 붙여 넣기 된 이미지를 드래그 하여 위치를 이동하고 모서리를 드래그하여 크기를 조정하세요.

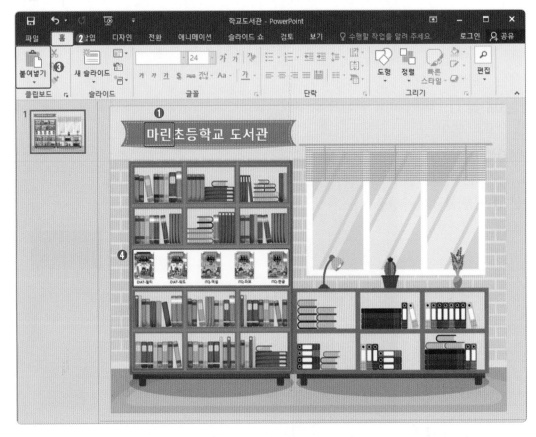

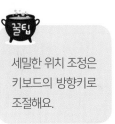

세밀한 위치 조정은
키보드의 방향키로
조절해요.

혼자서 뚝딱뚝딱

1 [바탕 화면]-[도서관] 폴더에 [코딩] 폴더를 만든 후 [실습파일]-[9차시]-[도서관 책] 폴더의 코딩 책들을 복사해 보세요.

· 실습 파일 : [도서관 책] 폴더의 책 표지 파일

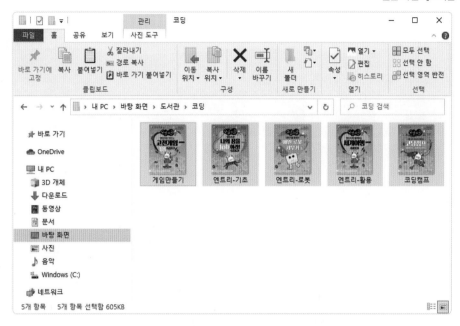

2 위에서 분류한 책들을 캡처 도구를 이용하여 캡처한 후 '학교도서관(자격증).pptx' 파일을 열고 붙여 넣어 보세요.

· 실습 파일 : 학교도서관(자격증).pptx   · **완성 파일** : 학교도서관(완성).pptx

그림판으로 화가 되기

영서는 그림을 편집하기 위해 포토샵을 배우려고 하다가 너무 어려워서 고민하고 있는데, 윈도우 10의 그림판은 쉽다고 들었습니다. 보조프로그램의 그림판은 다양한 형식의 그림을 그리거나 편집할 수 있는 매우 유용한 앱입니다. 그림판으로 그림을 한번 편집해 볼까요?

★ 타자 연습의 "낱말연습 2단계"를 통해 글쇠를 낱말로 연습할 수 있습니다.
★ 그림에 텍스트를 입력할 수 있습니다.
★ 그림을 삭제/복사/회전하고 다른 이름으로 저장할 수 있습니다.

실습 파일 : 슈퍼히어로즈.jpg   완성 파일 : 슈퍼히어로즈(완성).jpg

미리보기

직업 알아보기

» 화가
그림 그리는 것을 직업으로 하는 사람입니다. 어떤 작품을 만들지 구상을 한 다음 수채, 유채, 파스텔 등의 그림 재료를 선택하여 그림을 그리거나 작품을 완성합니다.

그림판 앱 살펴보기

01 그림판을 살펴볼까요? 그림판의 실행 화면은 다음과 같아요.

❶ **빠른 실행 도구 모음** : 저장, 실행 취소, 다시 실행 아이콘이 있어요.

❷ **제목 표시줄** : 파일 이름이 표시돼요.

❸ **파일 메뉴** : 새로 만들기, 저장, 인쇄 등의 메뉴가 나타나요.

❹ **탭** : [홈] 탭, [보기] 탭

❺ **리본** : 선택한 탭의 메뉴가 표시돼요.

❻ **그리기 영역** : 그림을 그릴 수 있는 공간이에요.

❼ **상태 표시줄** : 마우스 포인터 위치나 그림 크기 등의 정보가 표시돼요.

❽ **확대/축소** : 화면에 보이는 그림을 크게 하거나 작게 할 수 있어요.(실제 크기는 변경되지 않아요.)

파일 불러오기

01 그림판 앱을 실행하기 위해 [시작]-
[Windows 보조프로그램]-[그림판]을
클릭하세요.

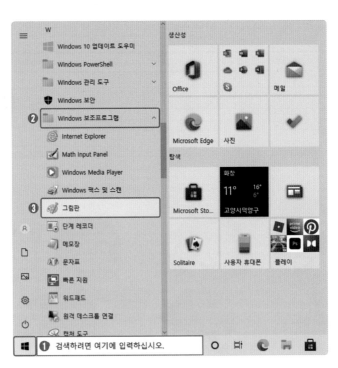

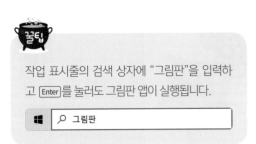

작업 표시줄의 검색 상자에 "그림판"을 입력하
고 [Enter]를 눌러도 그림판 앱이 실행됩니다.

02 그림을 열기 위해 [파일]-[열기] 메뉴를 클릭한 후 [열기] 대화상자가 나타나면 [실습파일]-[10차시] 폴더에서
'슈퍼히어로즈.jpg'를 선택하고 [열기] 버튼을 클릭하세요.

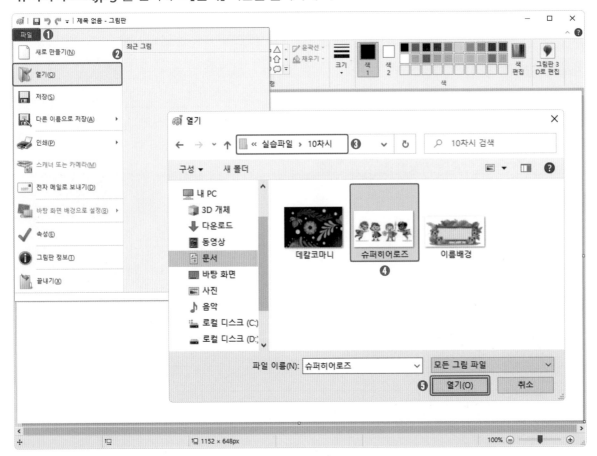

3 텍스트 입력하고 글꼴 저장하기

01 텍스트를 입력하기 위해 [홈] 탭-[도구] 그룹-[텍스트(A)]를 클릭한 후 텍스트를 입력할 그림 윗부분에 마우스로 드래그하세요.

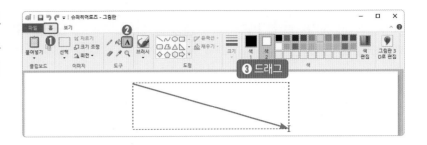

02 "슈퍼히어로즈"를 입력하고 마우스로 드래그한 후 [텍스트 도구]-[텍스트] 탭-[글꼴] 그룹에서 [글꼴 패밀리]는 '맑은 고딕', [글꼴 크기]는 '50'을 지정하세요.

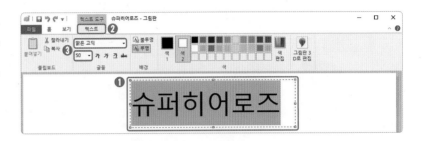

· 텍스트를 입력하고 글꼴을 지정한 후 영역 바깥을 클릭하면 설정이 완료됩니다.
· 텍스트 위치를 옮기려면 [이미지] 그룹-[선택]을 클릭하여 텍스트 범위를 선택한 후 드래그하면 됩니다.

4 그림 삭제/복사 및 회전하기

01 그림이 삭제되면 삭제된 영역은 배경색이 보이기 때문에 먼저 배경색을 '흰색'으로 설정하기 위해 [색 2]를 클릭하고 '흰색'을 선택하세요.

02 맨 오른쪽 캐릭터를 삭제하기 위해 [홈] 탭-[이미지] 그룹-[선택(▢)]을 클릭하고 캐릭터를 마우스로 드래그하여 선택한 후 마우스 오른쪽 버튼을 클릭하여 [삭제]를 선택하세요.

Delete를 눌러도 선택된 영역을 삭제할 수 있습니다.

03 맨 왼쪽 캐릭터를 복사하기 위해 **[홈] 탭-[이미지] 그룹-[선택(▢)]**을 클릭하고 캐릭터를 마우스로 드래그하여 선택한 후 **[홈] 탭-[클립보드] 그룹-[복사(🗐)]**를 클릭하세요.

04 복사한 캐릭터를 붙여넣기 위해 **[홈] 탭-[클립보드] 그룹-[붙여넣기(📋)]**를 클릭한 후 마우스로 드래그하여 캐릭터를 이동시켜요.

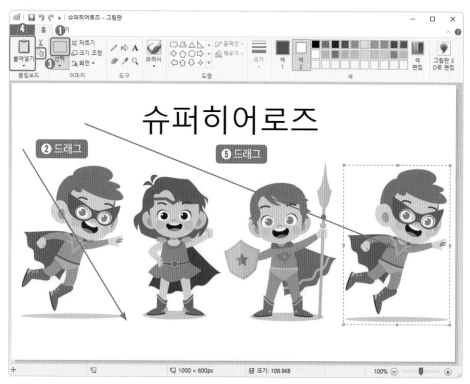

05 선택 영역을 가로로 대칭시키기 위해 **[홈] 탭-[이미지] 그룹-[회전]-[가로 대칭 이동]**을 클릭하세요.

그림 저장하기

01 그림을 다른 이름으로 저장하기 위해 **[파일]-[다른 이름으로 저장]-[JPEG 그림]**을 클릭하세요.

02 **[다른 이름으로 저장]** 대화상자에서 파일 이름에 **"슈퍼히어로즈(완성)"**을 입력하고 **[저장]** 버튼을 클릭하세요.

1 주어진 조건대로 다음과 같이 자신의 이름을 그려 보세요.

· 실습 파일 : 배경.jpg · 완성 파일 : 내이름.jpg

조건 ★
· 첫 번째 글자 : 글꼴 패밀리 – 맑은 고딕, 글꼴 크기 – 100, 색 – 검정
· 두 번째 글자 : 연필, 크기 – 4px, 색 – 빨강
· 세 번째 글자 : 브러시 – 유화 브러시, 크기 – 16px, 색 – 남색

2 복사와 붙여넣기, 가로/세로 대칭 이동 기능을 이용하여 다음과 같이 만들어 보세요.

· 실습 파일 : 데칼코마니.jpg · 완성 파일 : 데칼코마니(완성).jpg

 →

힌트 ★
① [선택] 도구로 왼쪽 위의 그림 부분만 선택해요
② [복사]하고 [붙여넣기]한 후 오른쪽으로 위치를 이동해요.
③ [가로 대칭 이동]해요.

11 캡처 및 스케치로 메이크업 아티스트 되기

주원이는 엄마가 화장하시는 모습을 볼 때마다 자신도 따라하고 싶을 때가 많습니다. 엄마는 벌써부터 화장에 관심을 갖냐고 핀잔을 주시지만, 주원이는 커서 메이크업 아티스트가 되고 싶습니다. 주원이와 함께 온화한 미소를 짓는 모나리자를 예쁘게 메이크업 해볼까요?

학습 목표

★ 타자 연습의 "낱말연습 3단계"를 통해 글쇠를 낱말로 연습할 수 있습니다.
★ 캡처 및 스케치 앱으로 원하는 부분을 캡처할 수 있습니다.
★ 볼펜과 연필로 다양한 색상과 크기로 칠할 수 있습니다.

실습 파일 : 모나리자.jpg   완성 파일 : 모나리자(1단계).png

미리보기

직업 알아보기

» 메이크업 아티스트

배우나 모델, 신랑이나 신부 등에게 화장을 해 주는 직업입니다. 고객의 요구를 파악하고 분위기와 상황에 따라 화장을 해 주면서 아름다움을 추구하는 일을 합니다.

이미지 파일 불러오기

01 캡처할 이미지 파일을 열기 위해 **[시작(⊞)]-[Windows 시스템]-[파일 탐색기]**를 클릭한 후에 **[실습파일]-[11차시]** 폴더에서 '**모나리자.jpg**' 파일을 더블 클릭하세요.

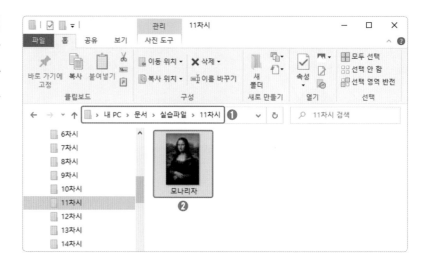

02 사진 앱이 실행되면 **[확대(🔍)]** 아이콘을 클릭하고 슬라이더를 드래그하여 확대한 후 마우스로 드래그하여 얼굴 부분이 보이도록 하세요.

사용하는 컴퓨터에 설치된 앱이나 설정에 따라 다른 프로그램에서 이미지 파일이 열릴 수도 있습니다. 앱의 종류에 상관없이 얼굴 부분을 확대하기만 하면 됩니다.

2 캡처 및 스케치 앱으로 캡처하기

01 [시작()]-[🖼️ 캡처 및 스케치]를 클릭하여 캡처 및 스케치 앱을 실행시킨 후 ⟨🔶 새 캡처⟩를 눌러 캡처 바의 [자유형 캡처(🔵)]를 클릭하세요.

02 모나리자의 얼굴 부분을 타원형으로 마우스로 드래그하여 캡처해 주세요.

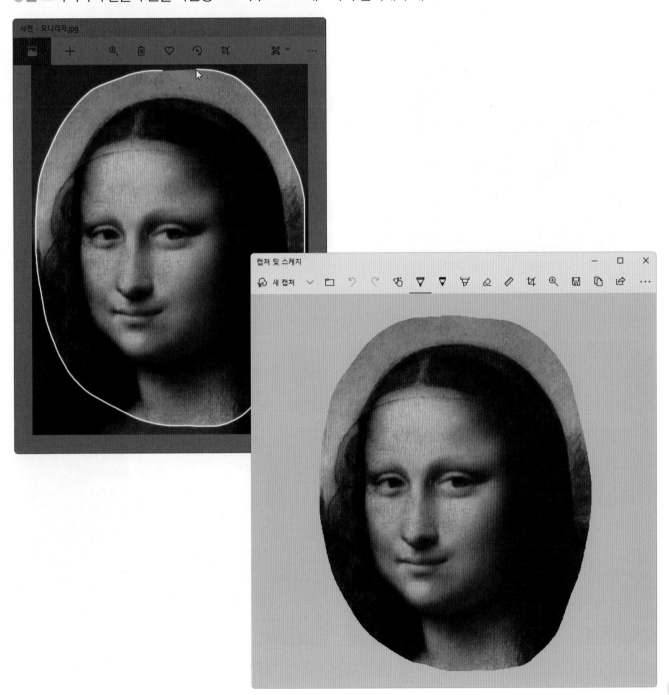

메이크업으로 얼굴 꾸미기

01 **눈썹**을 그리기 위해 '**연필**'을 선택하고 한 번 더 클릭하여 색은 '**어두운 밤색**', 크기는 '**15**'로 설정한 후 눈썹 부분을 여러 번 드래그하여 예쁘게 그려 보세요.

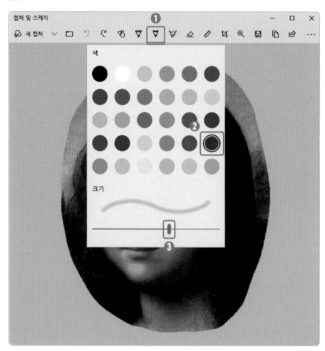 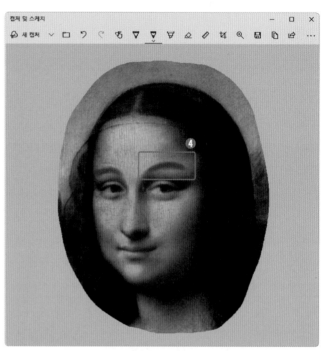

02 눈 화장을 정교하게 하기 위해 [**확대/축소(🔍)**] 아이콘을 클릭하고 슬라이더를 드래그하여 확대하세요. 이번엔 '**볼펜**'을 선택하고 한 번 더 클릭하여 색은 '**검정**', 크기는 '**3**'으로 설정하세요.

 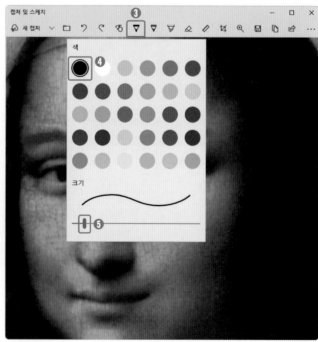

03 눈 주변을 따라 **아이라인**을 그린 후에 볼펜을 더 가늘게 설정하여 **마스카라**를 그려 보세요.

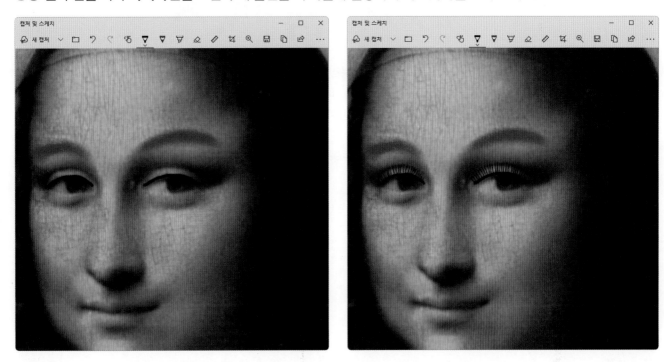

04 **입술**을 칠하기 위해 **'연필'**을 선택하고 한 번 더 클릭하여 색은 **'빨강'**, 크기는 **'15'**로 설정한 후 입술 부분을 여러 번 드래그하여 예쁘게 칠해 보세요.

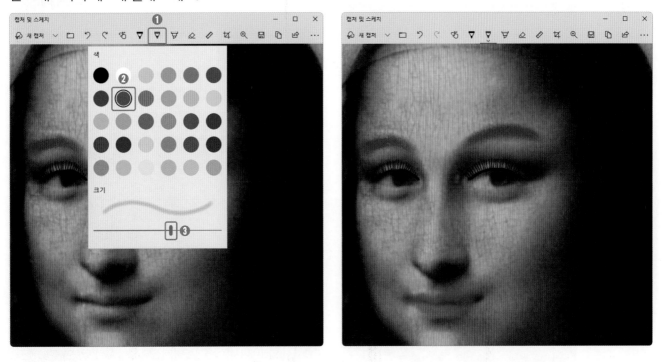

05 [**다른 이름으로 저장(💾)**] 아이콘을 클릭한 후 바탕 화면에 파일 이름은 **"모나리자(1단계)"**, 파일 형식은 **'PNG'**로 하여 저장하세요.

1 [자세히 보기(⋯)]-[파일 열기(🗁)]을 클릭하여 [실습
파일]-[11차시]의 '모나리자(1단계).png' 파일을 불러
온 후 눈동자를 더 진하게 하고 볼터치를 하여 추가로 꾸
며 보세요.

· 실습 파일 : 모나리자.jpg   · 완성 파일 : 모나리자(2단계).png

2 윈도우 키(⊞)+Shift+S를 눌러 화면을 캡처할 수도 있습니다. 다음 힌트를 참조하여 '나비.
jpg'의 나비를 캡처하여 '꽃팔찌.jpg'에 합성해 보세요.

· 실습 파일 : 나비.jpg, 꽃팔찌.jpg   · 완성 파일 : 나비꽃팔찌.jpg

힌트 ★
❶ '나비.jpg' 파일을 엽니다.
❷ 윈도우 키(⊞)+Enter+S를 누릅니다.
❸ [자유형 캡처]로 나비를 캡처합니다.
❹ 그림판 앱을 실행하여 Ctrl+V를 눌러 붙여 넣습니다.
❺ [홈] 탭-[이미지] 그룹-[선택]-[선택 영역 투명하게]를 클
   릭합니다.
❻ Ctrl+X를 눌러 그림을 자릅니다.
❼ 그림판에서 '꽃팔찌.jpg'를 엽니다.
❽ Ctrl+V를 눌러 나비를 붙여 넣은 후 위치를 조정합니다.

3D 뷰어로 3D 모델러 되기

지윤이는 평면에 그린 그림은 2차원(2D)이고 입체적인 도형은 3차원(3D)이라는 것을 배웠습니다. 컴퓨터에서 2차원 그림은 그림판에서 볼 수 있지만, 3차원 그림은 어떻게 볼 수 있는지 궁금했습니다. 지윤이와 함께 3D 뷰어 앱으로 3차원 모델을 감상해 볼까요?

★ 타자 연습의 "낱말연습 4단계"를 통해 글쇠를 낱말로 연습할 수 있습니다.
★ 3D 뷰어 앱으로 3D 모델을 원하는 대로 볼 수 있습니다.
★ 3D 라이브러리에서 다양한 모델을 감상할 수 있습니다.

실습 파일 : 없음   완성 파일 : 경찰차.png

미리보기

 직업 알아보기

» 3D 모델러
2D(평면)로 만들어진 작품을 3D(입체) 모델로 만드는 일을 하는 직업입니다. 캐릭터나 배경, 작품 등을 실제와 비슷하게 보이도록 만듭니다.

75

3D 뷰어 앱 실행하여 살펴보기

01 [시작(⊞)]-[📦 3D 뷰어]를 클릭하여 3D 뷰어 앱을 실행시킨 후 마우스를 상하좌우로 드래그하여 벌을 다양한 시점에서 보세요.

꿀팁

앱이 실행되고 시작 화면이 표시되면 시작 화면 오른쪽 위의 [닫기] 버튼을 클릭하면 됩니다.

02 마우스 휠을 위아래로 굴려서 벌을 확대하거나 축소해 보세요.

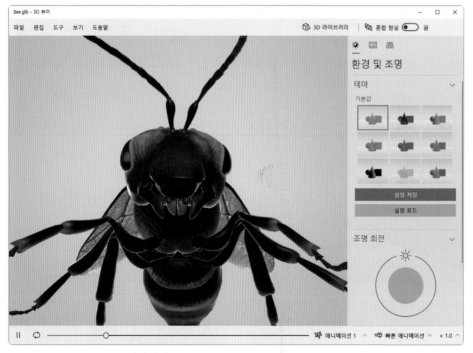

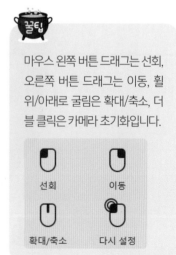

꿀팁

마우스 왼쪽 버튼 드래그는 선회, 오른쪽 버튼 드래그는 이동, 휠 위/아래로 굴림은 확대/축소, 더블 클릭은 카메라 초기화입니다.

선회   이동

확대/축소   다시 설정

03 오른쪽 아래의 **애니메이션 선택** 버튼을 클릭하여 다른 애니메이션을 확인해 보세요.

04 오른쪽 위의 **눈금 및 보기(⊞)** 아이콘을 클릭한 후 [시점]의 '**앞쪽 보기**', '**뒤쪽 보기**', '**위쪽 보기**', '**아래쪽 보기**'를 클릭하면서 다양한 시점에서 이미지를 확인해 보세요.

3D 라이브러리에서 다양한 모델 감상하기

01 오른쪽 위의 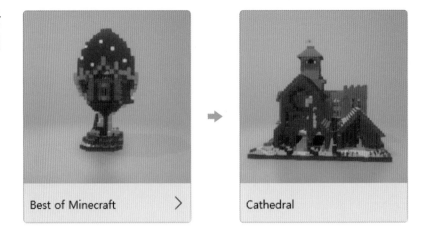 3D 라이브러리 를 클릭한 후 [Best of Minecraft]−[Cathedral]을 선택하세요.

02 마우스를 컨트롤하여 선회와 확대, 이동을 하면서 대성당 건물의 안쪽을 살펴보세요.

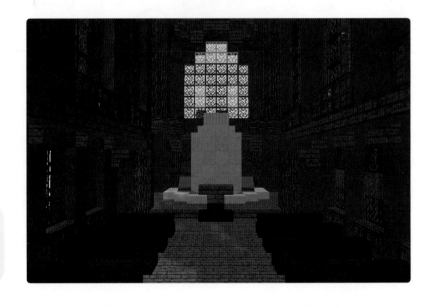

마우스 오른쪽 버튼으로 드래그하면서 이동하면 원하는 곳을 좀 더 쉽게 볼 수 있습니다.

이미지로 내보내기

01 오른쪽 위의 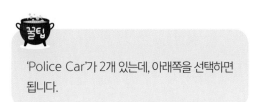 3D 라이브러리 를 클릭한 후 [Cars & Vehicles]-[Police Car]를 선택하세요.

🍯 꿀팁

'Police Car'가 2개 있는데, 아래쪽을 선택하면 됩니다.

02 경찰차가 그림과 같이 보이도록 조정하고 **[파일]-[이미지 내보내기]** 메뉴를 클릭한 후 **[내보내기]** 버튼을 클릭하세요.

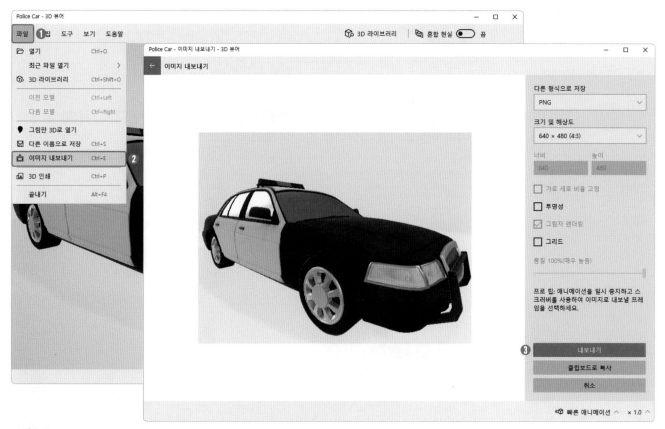

 꿀팁

배경 없이 모델만 이미지로 저장하려면 PNG 형식을 선택하고 '투명성'을 체크한 후 [내보내기] 버튼을 클릭하면 됩니다.

03 [다른 이름으로 저장] 대화상자가 나타나면 **[바탕 화면]**에 **"경찰차"** 파일 이름으로 저장해 보세요.

1 [3D 라이브러리]-[Buildings & Structures]-[Red Barn]를 불러와 창문이 모두 몇 개인지 세어보세요.

개

2 [3D 라이브러리]-[Vinyl Toy]에서 다음의 모델들을 PNG 형식의 투명성 이미지로 저장한 후에 파워포인트에서 이미지를 불러와 캐릭터를 완성해 보세요.

· 완성 파일 : 캐릭터(완성).pptx

Peanut - Women's T-Shirt

Eyes - Joy

Crown

Mouth - Joy

힌트★
· [시작(⊞)]-[PowerPoint 2016]을 클릭하여 파워포인트 프로그램을 실행한 후 [새 프레젠테이션]-[파일]-[열기]-[찾아보기]를 클릭하여 이미지를 불러옵니다.
· 몸통이 맨 뒤에 위치하므로 가장 먼저 열어야 합니다.

13

그림판 3D로 캐릭터 디자이너 되기

3D 뷰어 앱으로 3차원 작품을 원하는 대로 볼 수 있게 된 지윤이는 그림판 3D 앱으로 3차원 작품을 직접 만들어 보고 싶다는 생각이 들었어요. 캐릭터 디자이너가 꿈인 지윤이가 꿈을 이룰 수 있도록 그림판 3D로 캐릭터를 직접 만들어 볼까요?

★ 타자 연습의 "낱말연습 5단계"를 통해 글쇠를 낱말로 연습할 수 있습니다.
★ 그림판 3D의 개체를 여러 방향으로 회전하고, 앞뒤로 이동할 수 있습니다.
★ 스티커와 브러시를 이용하여 나만의 캐릭터를 만들 수 있습니다.

실습 파일 : 없음   완성 파일 : 홍길동.glb

미리보기

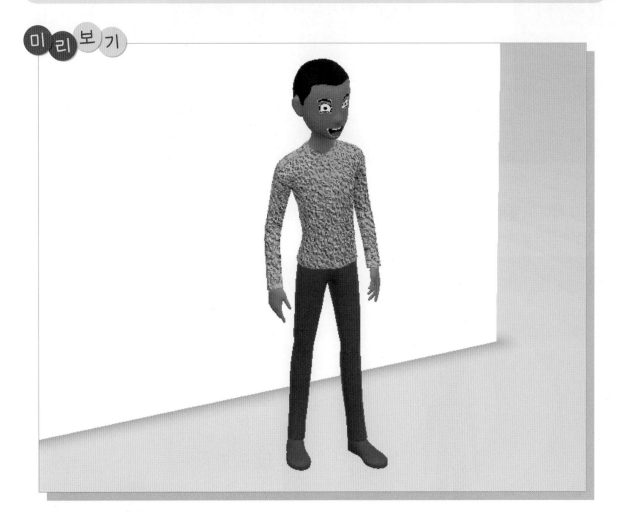

직업 알아보기

» 캐릭터 디자이너
장난감이나 문구류, 의류 등 다양한 상품에 활용될 수 있는 캐릭터를 디자인하는 사람입니다. 인물이나 동물의 특징을 잘 살려서 디자인하며, 우리가 잘 알고 있는 라이언, 어피치를 비롯한 카카오 프렌즈도 캐릭터 디자이너가 만들었습니다.

그림판 3D 앱 실행하여 살펴보기

01 [시작( )]-[그림판 3D]를 클릭하여 그림판 3D 앱을 실행시킨 후 시작 화면이 표시되면 **[새로 만들기]**를 클릭하세요.

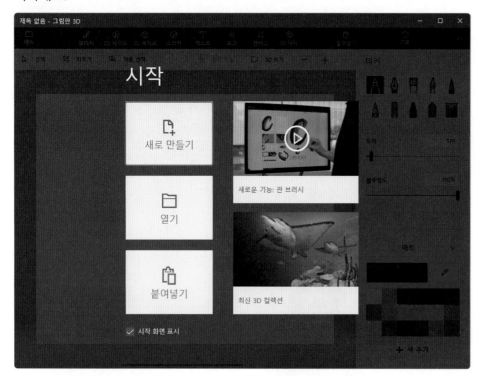

작업 표시줄의 검색 상자에 "3d"를 입력하고 [그림판 3D] 앱을 클릭해도 됩니다.

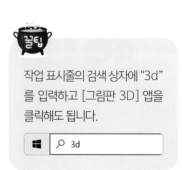

02 [3D 셰이프( )] 메뉴를 선택하고 3D 모델의 **[남자( )]**를 클릭한 후 **갈색( )**을 선택하고 캔버스에서 드래그하여 그려 보세요.

03 X축 회전(⟳), Y축 회전(⟲), Z축 회전(⟲)을 드래그하여 회전시켜 보세요.

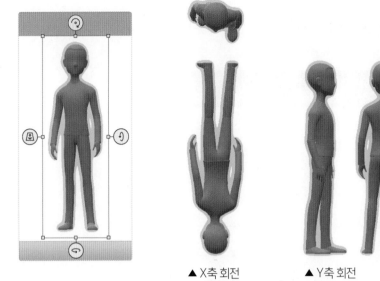
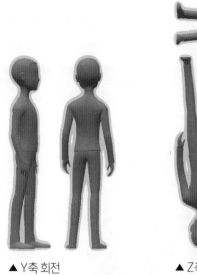

▲ X축 회전　　　　　▲ Y축 회전　　　　　▲ Z축 회전

04 Z축 위치(⬇)를 드래그하여 앞뒤로 이동시켜 보세요.

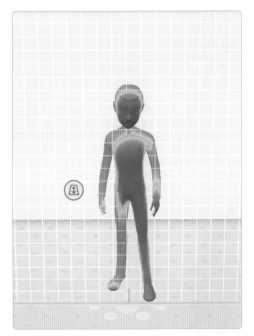

▲ 아래로 드래그　　　　　▲ 위로 드래그

얼굴 꾸미기

01 마우스를 위로 스크롤하여 화면을 확대하고 Alt 를 누른 채 드래그하여 얼굴 부분을 확대한 후 [스티커(스티커)] 메뉴를 선택하세요.

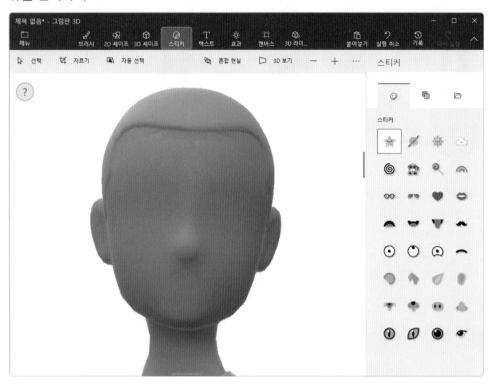

02 오른쪽의 스티커 목록에서 '걱정( )' 눈 모양을 클릭하고 얼굴 위에서 드래그하여 왼쪽 눈을 그린 후 커밋( ) 을 눌러 적용합니다. 같은 방법으로 **오른쪽 눈**과 '**눈썹**'과 '**행복**' 스티커도 드래그하여 적용하세요.

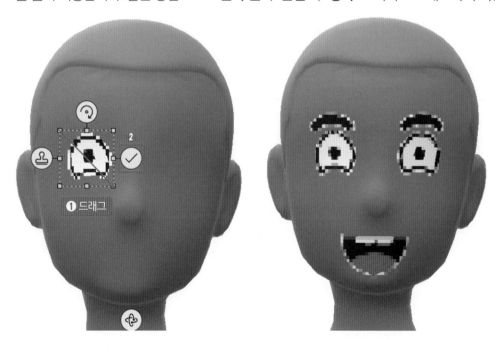

 머리 색칠하기

01 [브러시( )] 메뉴를 선택하고 [마커( )]와 [검정( )]을 선택한 후 머리 부분에 드래그하여 색칠하세요.

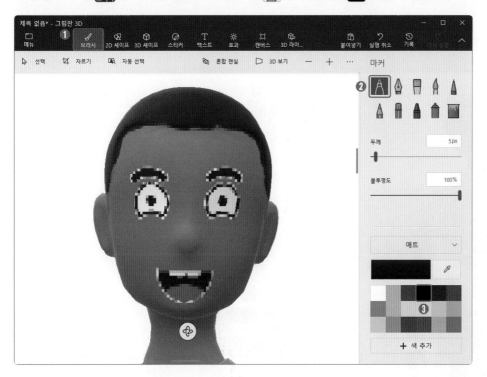

02 [자유 회전 핸들( )]을 드래그하여 회전시키면서 머리를 꼼꼼하게 색칠하세요.

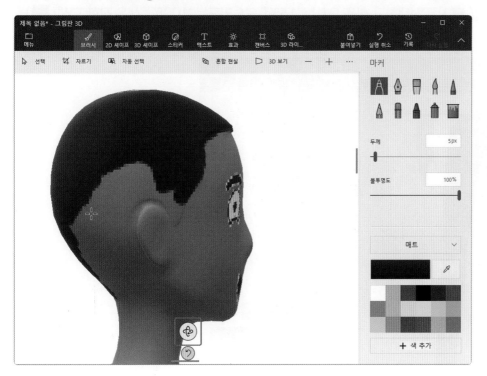

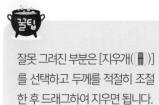

꿀팁

잘못 그려진 부분은 [지우개( )]를 선택하고 두께를 적절히 조절한 후 드래그하여 지우면 됩니다.

옷 입히기

01 상의를 입히기 위해 **[유화 브러시( )]**를 선택하고 두께는 **'50px'**, 색은 **옥색( )**을 선택한 후 상의 부분을 드래그하세요.

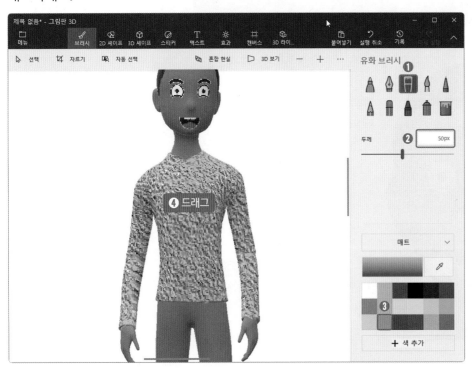

02 하의를 입히기 위해 **[채우기( )]**를 선택하고 허용 오차는 **'15%'**, 불투명도는 **'100%'**, 색은 **진한 회색( )**을 선택한 후 하의 부분을 클릭해요.

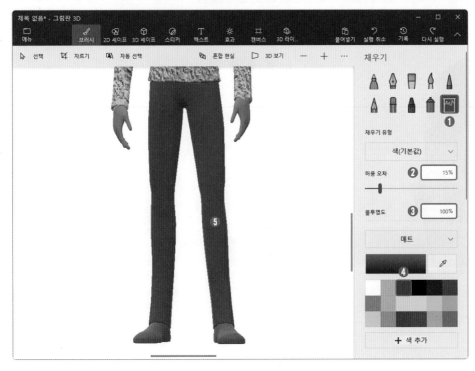

03 나만의 3차원 캐릭터가 완성되었습니
다. ▷ 3D 보기 를 클릭한 후 다양한 각도에
서 감상해 보세요.

04 캐릭터를 저장하기 위해 **[메뉴 확장(📧)]-[다른 이름으로 저장]** 메뉴를 클릭하고 파일 형식 선택에서 **[그림판 3D 프로젝트로 저장]**을 클릭한 후 [프로젝트 이름 지정] 창이 뜨면 자신의 이름을 입력하고 **[그림판 3D에 저장]** 버튼을 클릭합니다.

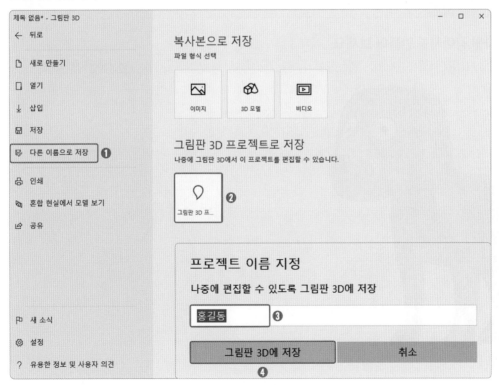

혼자서 뚝딱뚝딱

1 배경을 채운 뒤 정육면체에 여러분의 마음에 드는 스티커를 붙여서 주사위를 만들어 보세요.

· 완성 파일 : 주사위.glb

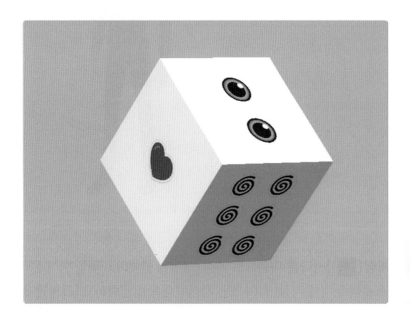

힌트 ★
· 배경: [브러시]-[채우기]-[금색]
· 주사위 3D 개체: [3D 셰이프]-[3D 개체]-[정육면체]

2 다음과 같이 3차원 강아지를 만들어 보세요.

· 완성 파일 : 강아지.glb

힌트 ★
· 강아지 3D 개체: [3D 셰이프]-[3D 모델]-[개]
· 강아지 털: [스티커]-[질감]-[모피]
· 눈/코: [스티커]-[스티커]-[눈]/[개 코]

14 그림판 3D로 우주 비행사 되기

보라는 우주 비행사가 되어 화성을 탐사하는 것이 꿈입니다. 하지만 혼자 탐사하기는 약간 겁이 나서 다른 우주 비행사와 함께 화성 탐사선을 이용하여 화성에 생명체가 살고 있는지 탐사하려고 합니다. 보라가 꿈을 이룰 수 있도록 그림판 3D로 미리 체험해 볼까요?

학습목표

★ 타자 연습의 "낱말연습 6단계"를 통해 글쇠를 낱말로 연습할 수 있습니다.
★ 3D 라이브러리에서 원하는 3D 개체를 가져올 수 있습니다.
★ 3D 개체를 자유자재로 회전하고 이동할 수 있습니다.

미리보기

직업 알아보기

» 우주 비행사
우주 비행을 하기 위하여 특별한 훈련을 받은 비행사입니다. 우주선을 조종하고 우주 정거장과 수많은 우주 장비들을 작동시키고, 우주에서 과학 실험도 합니다.

배경 만들기

01 우주 배경을 만들기 위해 [시작(⊞)]-[🎨 그림판 3D]를 클릭하여 그림판 3D 앱을 실행시킨 후 [브러시]-[채우기]-[검정]을 선택한 후 캔버스를 클릭하세요.

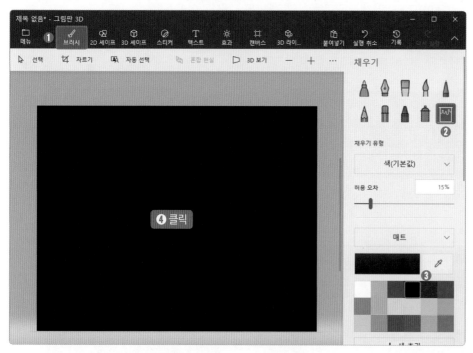

02 우주의 수많은 별을 표현하기 위해 [브러시]-[마커]-[흰색]을 선택한 후 두께를 '1px', '2px', '3px'를 각각 선택하며 마음대로 캔버스를 마우스로 클릭해 보세요.

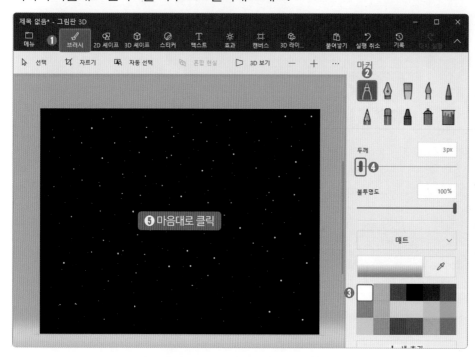

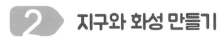

지구와 화성 만들기

01 우주 관련 3D 개체를 가져오기 위해 [3D 라이브러리()]를 클릭하고 [Space]를 클릭하세요.

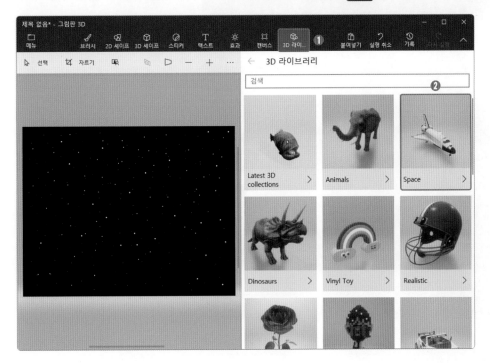

02 지구를 추가하기 위해 [Earth]를 클릭하고, 멀리 있는 것을 표현하기 위해 모서리의 크기 조절점을 드래그하여 작게 만든 후에 왼쪽 위로 드래그하세요.

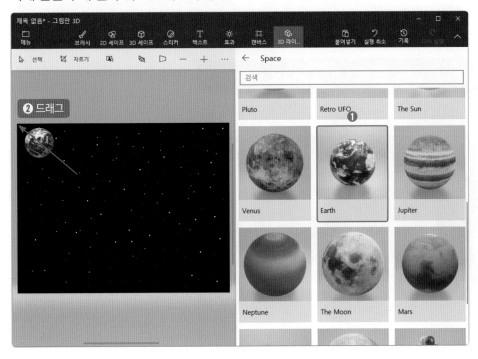

03 화성을 추가하기 위해 [3D 라이브러리]의 [Mars]를 클릭한 후 마우스로 드래그하여 오른쪽 아래에 위치시켜 보세요.

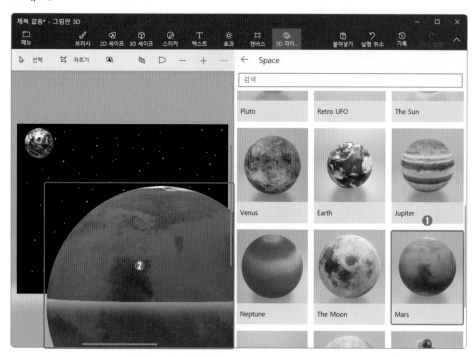

3 우주인 추가하기

01 우주인을 추가하기 위해 [3D 라이브러리]의 [Astronaut]을 클릭한 후 크기 조절점을 드래그하여 작게 만든 후에 화성의 윗부분에 위치시켜 보세요.

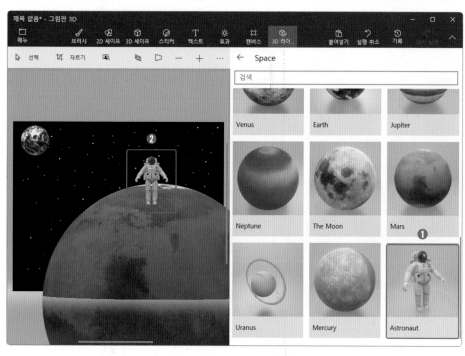

02 우주인을 한 명 더 추가하고 크기 조절점을 드래그하여 작게 만든 후에 **Y축 회전(**⟲**)**을 왼쪽으로 드래그하여 **'-135°'** 회전시키세요.

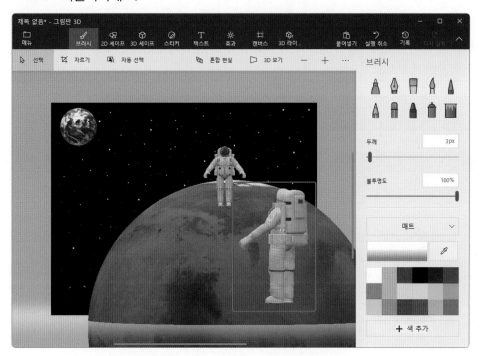

03 화성 탐사선을 추가하기 위해 [3D 라이브러리]의 [Mars Curiosity Rover]를 클릭한 후 크기와 위치를 조절하고 회전시켜 그림과 같이 만들어 보세요.

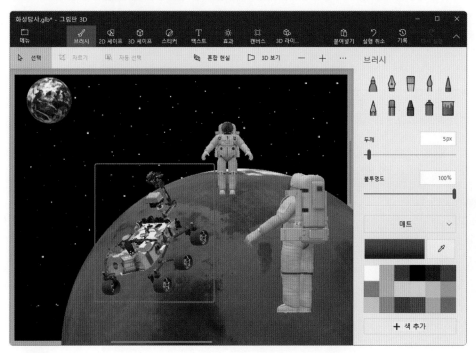

▷ 3D 보기 를 클릭한 후 지구를 맨 뒤로 보내고 우주인 2명과 화성 탐사선이 화성 표면에 위치하도록 이동시켜 보세요.

1 [3D 라이브러리]에서 "underwater"로 검색하여 "Create an underwater scene"을 불러 온 후 나만의 수족관을 만들어 보세요.

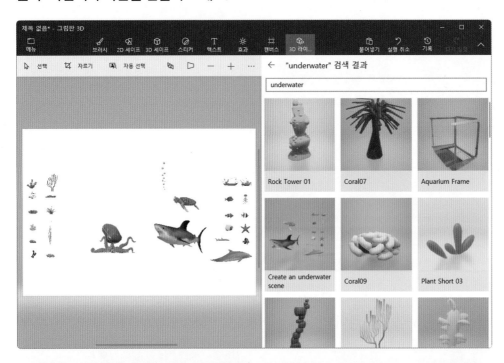

힌트★
수중 효과는 [효과]–[필터]–[수중(Minecraft)] 적용 후 조명 휠을 드래그하여 설정합니다.

15 계산기 앱으로 은행원 되기

영서는 햄버거 광고에서 "사딸라!"라는 말을 듣고 4달러가 우리 돈으로 얼마인지 궁금했습니다. 윈도우 10의 계산기 앱을 이용하면 일반적인 계산기 기능뿐만 아니라 4달러가 얼마인지 알 수 있고, 날짜 계산 등을 할 수 있다고 합니다. 은행원이 많이 사용하는 계산기를 계산기 앱으로 만나 볼까요?

학습 목표
★ 타자 연습의 "낱말연습 7단계"를 통해 글쇠를 낱말로 연습할 수 있습니다.
★ 계산기 앱으로 돈을 계산하고 날짜를 계산할 수 있습니다.
★ 계산기 앱으로 길이를 변환하고 환율을 계산할 수 있습니다.

직업 알아보기

» 은행원
은행에서 일하는 은행원은 고객이 맡긴 돈을 관리하고, 돈을 맡기는 예금과 돈을 찾는 출금을 도와줍니다. 그리고 기업이나 개인에게 돈을 빌려주는 일도 합니다.

계산기로 용돈 계산하기

01 영서는 설날에 세뱃돈으로 할아버지께 20,000원, 큰아버지께 5,000원을 받았고, 친구 생일 선물로 3,000원을 썼어요. 얼마 남았는지 계산해 볼까요?

02 [시작(■)]-[■ 계산기]를 클릭하여 계산기 앱을 실행시킨 후 할아버지께서 주신 20,000원을 더하기 위해 키보드에서 "20000"을 입력하세요.

계산기의 2, 0, 0, 0, 0을 순서대로 클릭해도 됩니다.

03 큰아버지께서 주신 5,000원을 더하기 위해 "+"를 누르고 "5000"을 입력하세요.

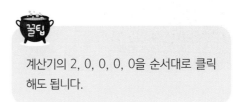

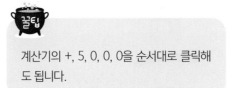

계산기의 +, 5, 0, 0, 0을 순서대로 클릭해도 됩니다.

04 친구의 생일 선물을 살 때 쓴 3,000원을 빼기 위해 "−"를 누르고 "3000"을 입력한 후 "="또는 Enter를 누르면 계산 결과가 나타나요.

· 계산 결과는 얼마인가요?

　　　　　　　　　　　원

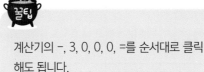

계산기의 −, 3, 0, 0, 0, =를 순서대로 클릭해도 됩니다.

2 내 생일까지 며칠 남았을까?

01 다음 생일까지 며칠이 남았는지 계산하기 위해 계산기의 **[탐색 열기]** 버튼을 클릭하여 **[날짜 계산]**을 선택하세요.

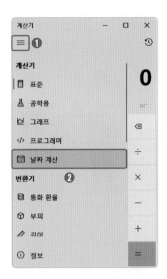

02 오늘 날짜인 [시작일]은 그대로 두고 다가오는 여러분의 생일을 입력하기 위해 **[종료일]**을 클릭하세요. [다음] 버튼(∨)을 클릭하면서 해당 월이 나오면 해당 일을 클릭하세요.

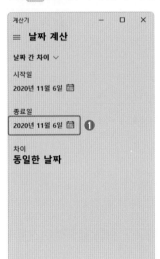  

03 다음 생일까지 남은 날짜를 확인하고 적어보세요.

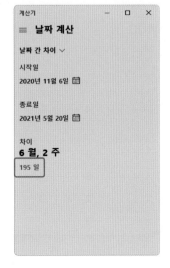

3 세 친구의 센티미터 키를 더하면 미터로 얼마일까?

01 서연, 지우, 태윤의 키는 각각 125cm, 135cm, 140cm입니다. 세 친구의 센티미터 키를 더한 후에 미터로 변환해 볼까요?

▲ 125cm

▲ 135cm

▲ 140cm

- 원래대로 수를 계산하기 위해 계산기의 [탐색 열기]-[표준]을 클릭하여 계산기를 변경합니다.
- 이전에 계산한 값이 남아 있는 경우 계산기의 [C]를 클릭하면 지워집니다.

02 계산기에서 "125+135+140"을 입력한 후 Enter 를 눌러 합을 구하세요.

03 계산기의 [탐색 열기] 버튼을 클릭하여 [변환기]-[길이]를 선택한 후 "400"을 입력하고 단위를 클릭하여 '센티미터'를 선택하세요. 아래쪽의 단위를 클릭하여 '미터'를 선택하면 미터 값으로 변환돼요.

미국 1달러는 우리 돈으로 얼마일까?

01 미국은 화폐 단위로 **'달러'**를 쓰고, 대한민국은 화폐 단위로 **'원'**을 쓰는데, 미국 1달러가 우리 돈으로 얼마인지 알아볼까요?

02 계산기의 **[탐색 열기]** 버튼을 클릭하여 **[통화 환율]**을 선택한 후 **"1"**을 입력하고 단위를 클릭하여 **'미국 – 달러'**를 선택하세요. 아래쪽의 단위를 클릭하여 **'한국 – 원'**을 선택하면 1달러가 우리 돈으로 얼마인지 계산돼요.

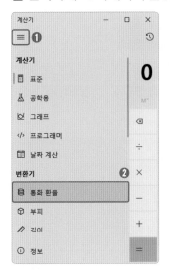   

 '환율'은 두 나라 돈을 맞바꾸는 비율이며, 매일 조금씩 달라집니다.

03 다음은 세계 최대의 쇼핑몰 아마존(www.amazon.com)에서 판매되는 아이폰이에요. 아이폰의 가격이 우리 돈으로 얼마인지 계산해 보세요.

_____ 원

amazon

Apple iPhone 11
256GB
Black
$ **729**

1. 여러분의 생일과 오늘 날짜를 적어보고, 계산기의 날짜 계산 기능을 이용하여 지금까지 여러분이 며칠 살았는지 계산해 보세요.

힌트★
[탐색 열기] 버튼을 클릭하여 [날짜 계산]-[날짜 간 차이]를 이용하되, 계산 결과에서 1일을 더해야 합니다.

2. 다음 주에 태국으로 가족여행을 가는 지우는 우리 돈 오만 원을 태국 바트화로 얼마를 환전할 수 있을까요? 그리고 만약 여행을 마치고 120바트가 남았다면 우리 돈으로 얼마로 환전될까요?

· 50000원 = ⬚ 바트

· 120바트 = ⬚ 원

100

16 날씨 앱으로 기상 캐스터 되기

영서는 학교 수업을 마치고 놀이터에서 친구들과 신나게 놀고 있었습니다. 그런데 갑자기 소나기가 내려 당황했어요. 다행히 일기 예보를 듣고 미리 우산을 챙겨온 나윤이의 우산을 함께 쓰고 무사히 집에 왔습니다. 윈도우 10에서 일기 예보를 확인하고, 날씨를 알려주는 기상 캐스터가 되어 볼까요?

학습목표

★ 타자 연습의 "낱말연습 8단계"를 통해 글쇠를 낱말로 연습할 수 있습니다.
★ 날씨 앱으로 여러 가지 날씨 정보를 확인할 수 있습니다.
★ 인터넷에서 미세먼지 정보를 검색할 수 있습니다.

실습 파일 : 기상캐스터.pptx   완성 파일 : 기상캐스터(완성).pptx

미리보기

직업 알아보기

» 기상 캐스터

TV나 라디오, 인터넷에서 날씨와 기온 등 다양한 기상 정보를 알려주는 사람입니다. 기상청에서 제공하는 자료를 정리하여 기사를 작성한 후 보도합니다.

날씨 앱에서 날씨 정보 확인하기

01 [시작(⊞)]-[날씨(☁ 날씨)]를 클릭하여 날씨 앱을 실행시킨 후 오른쪽 위의 검색 상자에 여러분이 살고 있는 지역이나 동네 이름을 입력하고 검색된 결과를 선택하세요.

꿀팁

날씨 앱은 처음 실행하면 시작 화면이 나타나는데, 다음과 같이 검색하세요.

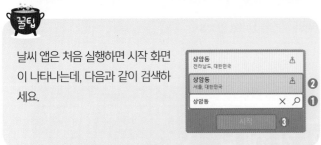

02 우리 동네의 현재 기온과 날씨 정보뿐만 아니라 오늘부터 열흘간의 일기 예보 정보를 확인할 수 있어요.

03 일기 예보 장면을 만들기 위해 여러분이 살고 있는 동네의 **오늘**, **내일**, **모레**의 **날씨**와 **최고 기온**, **최저 기온**을 적어 보세요.

구분	오늘	내일	모레
날씨			
최고 기온			
최저 기온			

인터넷에서 미세먼지 정보 확인하기

01 마이크로소프트 엣지(Microsoft Edge) 앱을 실행하여 검색 주소창에 "**www.naver.com**"을 입력하고 Enter 를 눌러 네이버에 접속하세요.

02 검색어 입력 창에 "**미세먼지**"를 입력하고 Enter 를 누르세요.

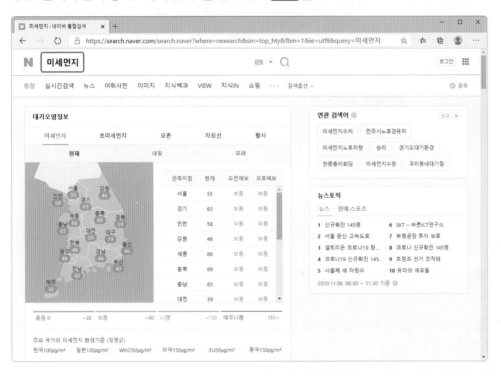

03 일기 예보 장면을 만들기 위해 [**대기오염정보**]의 [**미세먼지**] 정보에서 여러분이 살고 있는 지역의 **현재**, **내일**, **모레**의 **미세먼지**를 적어 보세요.

구분	오늘	내일	모레
오전			
오후			

날씨와 미세먼지 정보로 일기 예보 장면 만들기

01 [시작(⊞)]-[PowerPoint 2016]을 클릭하여 파워포인트 프로그램을 실행한 후 [**다른 프레젠테이션 열기**]를 클릭하세요.

02 [**찾아보기**]를 클릭하여 [**실습파일**]-[**16차시**] 폴더의 '**기상캐스터.pptx**' 파일을 선택한 후 [**열기**] 버튼을 클릭하세요.

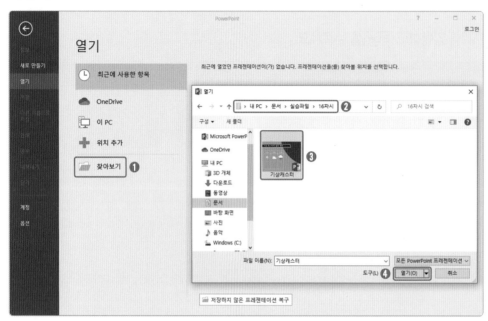

03 제목의 "기상" 글자 앞을 클릭하여 **여러분의 이름**을 입력한 후 오른쪽의 기상 캐스터 캐릭터 중에서 마음에 드는 것을 드래그하여 화면 안으로 위치를 이동시키세요.

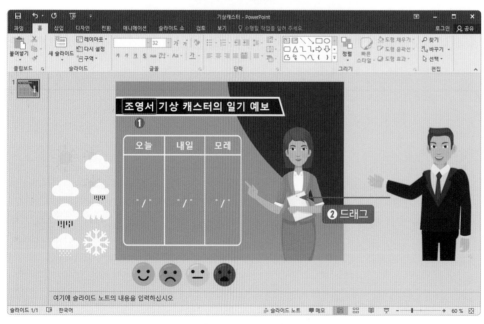

04 날씨 앱에서 확인한 날씨 정보대로 왼쪽의 **날씨 아이콘**을 Ctrl을 누른 채 드래그하여 복사한 후 배치해요. 또, **최고 기온**과 **최저 기온**을 마우스로 클릭하여 입력하세요.

05 인터넷에서 확인한 미세먼지 정보대로 아래의 **표정 아이콘**을 Ctrl을 누른 채 드래그하여 복사한 후 배치하여 일기 예보 장면을 완성하세요.

혼자서뚝딱뚝딱

1 날씨 앱의 왼쪽 메뉴 중 [과거 날씨(≋)]를 클릭하여 여러분이 살고 있는 지역이나 동네의 역대 최고 기온과 역대 최저 기온, 그리고 1년 동안 눈 온 날이 며칠인지 확인하고 적어보세요.

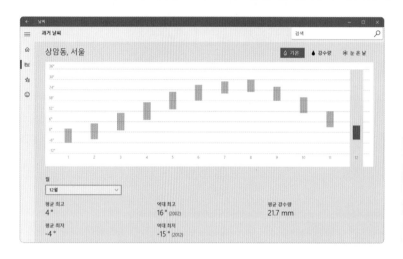

힌트★
최고 기온은 6~8월, 최저 기온
은 12~2월에서 클릭하여 확인
하고, 눈 온 날은 오른쪽 위의 [눈
온 날]을 클릭하여 확인하세요.

· 역대 최고 기온 :   ℃   · 역대 최저 기온 :   ℃

· 1년 동안 눈 온 날 :   일

2 자유의 여신상이 있는 미국 뉴욕의 현재 기온과 에펠탑이 있는 프랑스 파리의 해가 뜨는 일출 시각과 해가 지는 일몰 시각을 확인하고 적어보세요.

· 뉴욕 현재 기온 :   ℃

· 파리 일출 시각, 일몰 시각 :   ,

106

지도 앱으로 관광 가이드 되기

상우는 여름 방학 때 가족과 함께 미국에 계시는 이모를 만나러 갔습니다. 이모 가족과 함께 미국 유명 관광지를 다녔는데, 그중에서 나이아가라 폭포가 가장 인상적이었습니다. 나이아가라 폭포 안내지를 만들어 친구들에게 소개하고 싶은데, 지도 앱으로 함께 만들어 볼까요?

학습 목표
★ 긴 글 "메밀꽃 필 무렵"을 연습하면서 타자 실력을 확인할 수 있습니다.
★ 지도 앱으로 원하는 곳을 검색할 수 있습니다.
★ 지도 앱으로 길 찾기를 할 수 있습니다.

실습 파일 : 나이아가라폭포.hwp   완성 파일 : 나이아가라폭포(완성).hwp

미 리 보 기

나이아가라 폭포

나이아가라 폭포(Niagara Falls)는
미국과 캐나다에 걸친 북아메리카에서 가장 큰 폭포이다.
이리 호에서 흘러나온 나이아가라 강이
온타리오 호로 들어가는 도중에 형성되었다.

직업 알아보기

» 관광 가이드
관광객이 안전하고 편안하게 여행할 수 있도록 안내하는 사람입니다. 국내나 외국을 관광하는 관광객에게 교통편과 관광지를 안내하고 숙박시설을 예약해 주면서 관광객을 도와주는 일을 합니다.

지도 앱으로 나이아가라 폭포 찾기

01 지도 앱을 실행하기 위해 [시작(■)]-[지도(⬤ 지도)]를 클릭한 후 지도 앱이 실행되면 왼쪽 위의 검색 상자에 **"나이아가라 폭포"**를 입력하고 Enter 를 누르세요.

02 하늘에 떠 있는 인공위성에서 촬영한 지도를 보기 위해 [도로]를 클릭한 후 [위성]을 선택하고, 왼쪽 정보 창의 최소화 버튼(━)을 클릭하세요.

03 마우스 휠을 위로 굴리고 드래그하여 지도를 확대하세요.

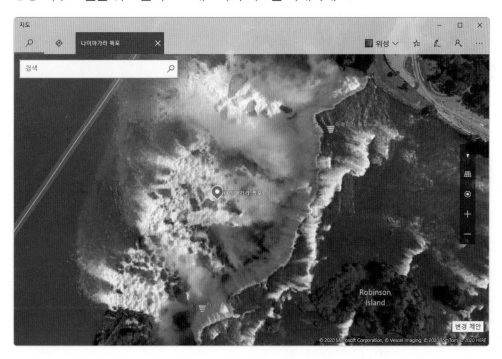

04 마우스 오른쪽 버튼을 왼쪽으로 드래그하여 왼쪽 방향으로 회전시키고, 다시 마우스 오른쪽 버튼을 아래로 드래그하여 아래로 기울인 후 확대하세요.

05 [시작]-[Windows 보조프로그램]-[캡처 도구]를 클릭하여 실행하고 [새로 만들기()]를 클릭한 후 폭포 부분을 드래그하여 복사하세요.

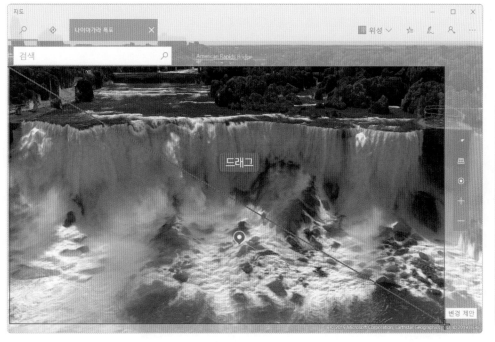

꿀팁

· 이동하기: 마우스 왼쪽 버튼으로 드래그합니다.
· 확대/축소하기: 마우스 휠을 위/아래로 굴립니다.
· 좌/우로 회전하기: 마우스 오른쪽 버튼으로 좌우로 드래그합니다.
· 위/아래로 기울이기: 마우스 오른쪽 버튼으로 상하로 드래그합니다.

나이아가라 폭포 안내지 완성하기

01 [시작(⊞)]-[한글]을 클릭하여 한글 프로그램을 실행한 후 [파일]-[불러오기] 메뉴를 선택하여 [실습파일]-[17차시] 폴더의 '**나이아가라폭포.hwp**' 파일을 불러오세요.

02 파일이 열리면 문서의 아래쪽을 클릭한 후 [Ctrl]+[V]를 눌러 캡처한 이미지를 붙여 넣으면 나이아가라 폭포 안내지가 완성돼요.

③ 길 찾기

01 이번엔 방배초등학교에서 서울대공원까지 대중교통으로 오는 교통편을 알아볼까요? 지도 보기 상태를 원래대로 하기 위해 **[북쪽 맨 위로 회전(▼)]** 아이콘과 **[기울기(▦)]** 아이콘을 클릭해요.

02 지도 앱에서 오른쪽 위의 █ 위성 ∨ 을 클릭하여 **[도로]**로 변경하고 왼쪽 위의 **길찾기(◈)** 아이콘을 클릭해요. 출발지에는 **"방배초등학교"**, 목적지에는 **"서울대공원"**을 입력하고 **[길 찾기 시작]**을 클릭하세요.

03 **대중교통** 아이콘을 클릭하면 여러 교통편이 안내되며 원하는 것을 클릭하면 자세한 방법을 알 수 있어요.

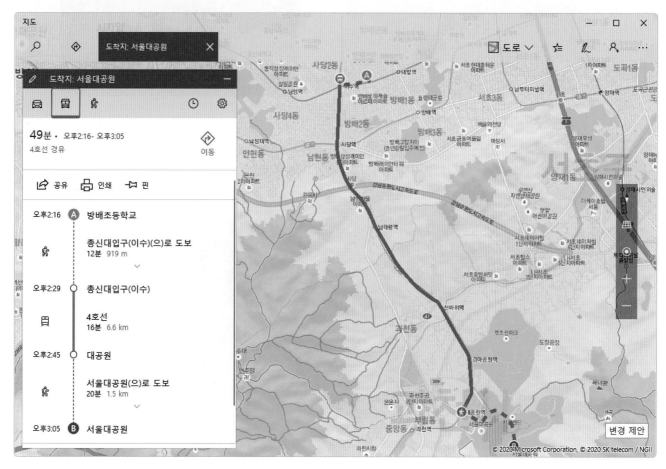

1 [실습파일]-[17차시] 폴더의 '제주도소개.hwp' 파일을 불러온 후 지도 앱에서 제주도를 검색해 제주도 개요를 드래그하여 복사한 한글 파일에 붙여 넣어 보세요. 다시 지도 앱에서 제주도 지도를 캡처하여 붙여 넣은 후 다음과 같이 완성해 보세요.

· 실습 파일 : 제주도소개.hwp   · 완성 파일 : 제주도소개(완성).hwp

2 지도 앱에서 오른쪽 위의 [자세히 보기(⋯)] – [3D 도시]를 클릭한 후 왼쪽의 [3D 도시]에서 '로마'를 선택하여 콜로세움(원형경기장)을 관광해 보세요.

18 비디오 편집기 앱으로 유튜버 되기

현우는 인기 유튜버 동영상을 볼 때마다 자신도 커서 유튜버를 하면 어떨지 생각해본 적이 있습니다. 먼저 유튜버가 어떻게 동영상 콘텐츠를 만드는지부터 알아보기로 했어요. 현우와 함께 동영상을 편집해 볼까요?

★ 긴 글 "마지막 잎새"를 연습하면서 타자 실력을 확인할 수 있습니다.
★ 비디오 편집기 앱에 사진과 비디오 파일을 추가할 수 있습니다.
★ 비디오 파일을 잘라서 삭제하고 제목 카드를 추가할 수 있습니다.

실습 파일 : 냥냥이.mp4, 냥냥이 안경.jpg   **완성 파일** : 귀요미 냥냥이.mp4

미 리 보 기

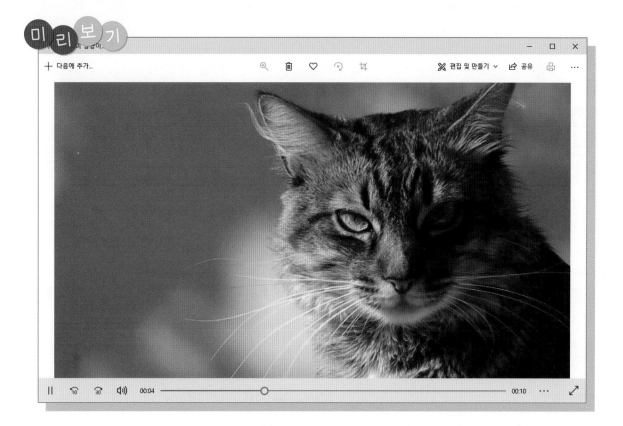

직업 알아보기

» 유튜버(크리에이터)
인터넷 무료 동영상 공유 사이트인 유튜브에 동영상 콘텐츠를 올리는 사람입니다. 재미있는 동영상 콘텐츠를 만들어서 올리는 일을 하며, 크리에이터라고도 합니다.

비디오 편집기 앱에 비디오와 사진 파일 추가하기

01 [시작(⊞)]-[▲ 비디오 편집기]를 클릭하여 비디오 편집기 앱을 실행시킨 후 **[새 비디오 프로젝트]** 버튼을 클릭하고 비디오 이름을 **"냥냥이"**로 지정한 다음 **[확인]** 버튼을 클릭하세요.

02 프로젝트 라이브러리의 **[추가]-[이 PC에서]**를 클릭하여 [열기] 대화상자가 나타나면 **[실습파일]-[18차시]** 폴더의 '**냥냥이.mp4**'와 '**냥냥이안경.jpg**'를 선택하고 [열기] 버튼을 클릭하세요.

03 프로젝트 라이브러리에 비디오와 사진 파일이 추가되면 동영상에 추가시키기 위해 **[스토리보드에 놓기]**를 클릭하세요.

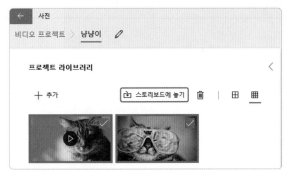

비디오 파일 자르기

01 스토리보드의 비디오 파일을 선택하고 오른쪽 미리보기 창에서 검색 슬라이더(◯)를 드래그하여 '**0:01.20**'에 위치시킨 후 **분할(** ◫ **분할)**을 클릭하세요. [분할] 창이 나타나면 **[완료]** 버튼을 클릭하세요.

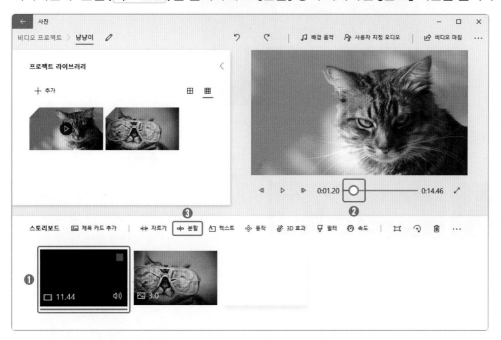

02 같은 방법으로 검색 슬라이더(◯)를 드래그하여 '**0:10.00**'에 위치시킨 후 분할시키세요.

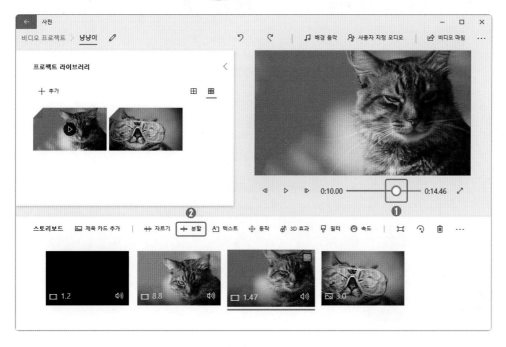

03 비디오 파일의 앞부분과 뒷부분을 클릭하여 선택한 후 [삭제(🗑)] 아이콘을 클릭하여 삭제하세요.

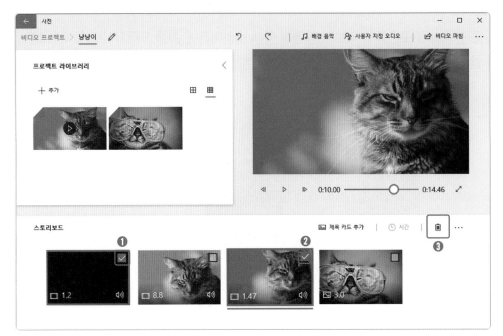

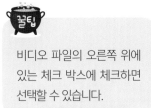

비디오 파일의 오른쪽 위에 있는 체크 박스에 체크하면 선택할 수 있습니다.

3 제목 카드 추가

01 동영상이 시작되면 보여지는 제목 카드를 삽입하기 위해 [제목 카드 추가]를 클릭한 후 [텍스트]를 클릭하세요.

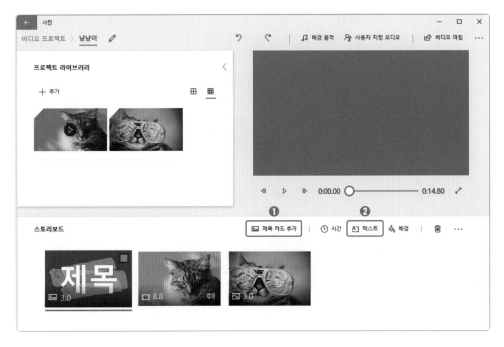

02 텍스트 입력란에 **"귀요미 냥냥이"**를 입력하고, 애니메이션 텍스트 스타일에서 **'사랑스러움'**을 선택한 후 **[완료]** 버튼을 클릭하세요.

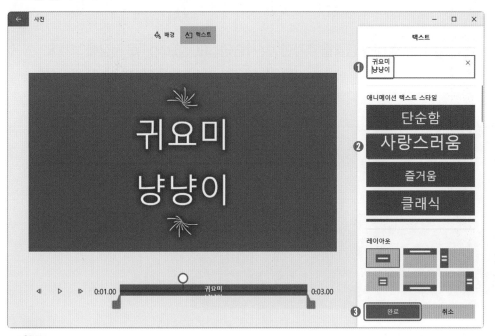

· "귀요미"를 입력하고 Enter 를 누른 후 "냥냥이"를 입력하세요.
· 레이아웃에서는 텍스트의 위치를 지정할 수 있습니다.

03 편집 작업이 완료되면 동영상 파일로 변환하기 위해 **[비디오 마침]** 버튼을 클릭하고 **[내보내기]** 버튼을 클릭하세요. 저장 경로와 파일 이름을 지정한 후 **[내보내기]** 버튼을 클릭하면 동영상 편집이 완료돼요.

혼자서뚝딱뚝딱

1 다음의 조건대로 동영상을 자른 후 배경 음악을 추가한 후 '사슴댄스(완성).mp4'로 저장해 보세요.

· 실습 파일 : 사슴댄스.mp4   · 완성 파일 : 사슴댄스(완성).mp4

조건 ★
· 0:25.0 ~ 0:44.73 삭제
· 배경 음악 : '행복의 비트', '비디오를 음악 비트와 동기화' 체크
· 비디오 화질 : 높음 1080p

2 다음의 조건대로 동영상이 끝날 때 재생되는 아웃트로 동영상을 만든 후 '아웃트로(완성).mp4'로 저장해 보세요.

· 실습 파일 : 아웃트로.mp4   · 완성 파일 : 아웃트로(완성).mp4

조건 ★
· 스토리보드의 비디오 클립 선택 후 [텍스트] 메뉴 클릭
· 텍스트 기간 : 0:01.50 ~ 0:06.30
· 애니메이션 텍스트 스타일 : 신선함
· 레이아웃 : 오른쪽
· 비디오 화질 : 중간 720p

마이크로소프트 스토어로 앱 개발자 되기

영서는 스마트폰에서 앱을 다운받아 설치하는 것처럼 윈도우 10에서도 앱을 설치할 수 있다는 얘기를 듣고 신기했습니다. 마이크로소프트(Microsoft)가 운영하는 가게(Store)인 마이크로소프트 스토어에서 앱을 검색하고 설치하여 사용해 볼까요?

학습
목표

★ 긴 글 "동백꽃"을 연습하면서 타자 실력을 확인할 수 있습니다.
★ 마이크로소프트 스토어에서 원하는 앱을 검색할 수 있습니다.
★ 앱을 설치하고 실행할 수 있습니다.

미 리 보 기

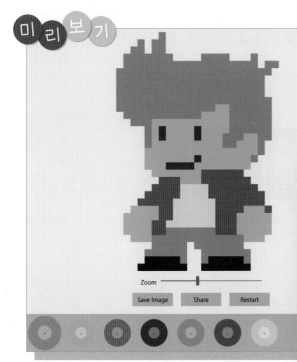

직업 알아보기

» 앱 개발자
컴퓨터에 설치된 프로그램인 앱을 개발하는 프로그래머입니다. 앱 기획자가 앱에 대해 기획을 하면 앱 개발자가 디자이너의 도움을 받아 앱을 개발합니다.

마이크로소프트 스토어 실행하여 앱 설치하기

01 마이크로소프트 스토어(Microsoft Store)를 실행하기 위해 작업 표시줄의 **마이크로소프트 스토어 아이콘(🛍)**을 클릭하세요.

꿀팁

작업 표시줄에 마이크로소프트 스토어 아이콘이 없으면 [시작] 버튼을 누르고 🛍 Microsoft Store 를 클릭하거나, 작업 표시줄의 검색 상자에 "store"를 입력하고 [Enter]를 눌러도 마이크로소프트 스토어가 실행됩니다.

02 마이크로소프트 스토어가 실행되면 아래로 스크롤하여 **[무료 인기 앱]**의 **[모두 표시 99/+]**를 클릭하세요.

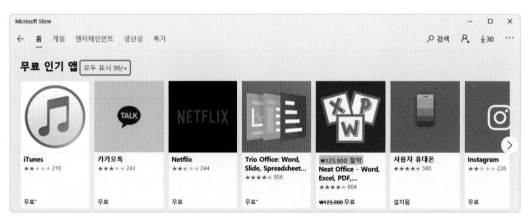

03 오른쪽 위의 **[범주]**에서 **'엔터테인먼트'**를 선택한 후 **[지뢰 찾기]**를 클릭하세요.

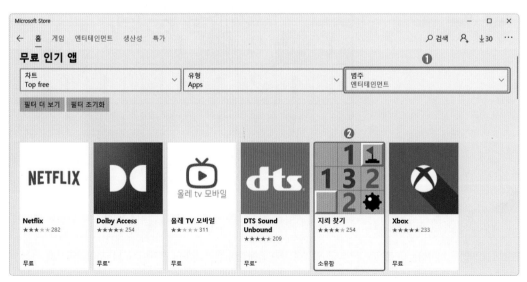

04 지뢰 찾기 앱 설치 화면이 나타나면 **[무료]** 버튼을 클릭하세요.

05 [로그인]을 하면 다른 장치에서도 사용할 수 있는데, 아이디가 없으면 **[관심 없음]** 버튼을 클릭하세요.

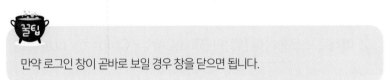

만약 로그인 창이 곧바로 보일 경우 창을 닫으면 됩니다.

06 [지뢰 찾기] 앱이 다운로드되어 설치되면 **[실행]** 버튼을 클릭하세요.

07 다음과 같이 [지뢰 찾기(Minesweeper Simple)] 앱이 실행돼요.

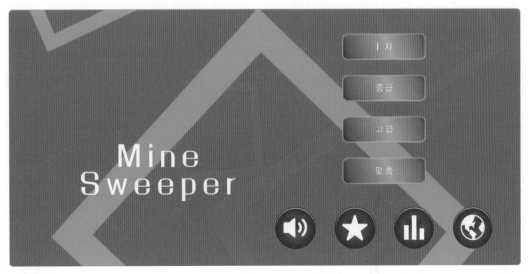

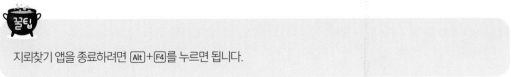

지뢰찾기 앱을 종료하려면 Alt + F4를 누르면 됩니다.

2 검색하여 앱 설치하기

01 마이크로소프트 스토어가 실행되면 오른쪽 위의 🔍검색 을 클릭하여 "pixel"을 입력한 후 Enter를 누르세요.

02 아래로 스크롤하여 [앱]의 [Pixel Art – Color by number coloring book]을 클릭하세요.

만약 앱이 보이지 않을 경우 [앱] 옆의 모두 표시 를 눌러서 찾으면 됩니다.

03 [무료] 버튼과 [관심 없음] 버튼을 차례로 클릭하여 설치한 후 **[실행]** 버튼을 클릭하세요.

04 '픽셀 아트(Pixel Art)' 앱이 실행되면 색을 칠할 이미지를 선택하세요.

05 Zoom의 슬라이더를 오른쪽으로 드래그하여 그림이 크게 보이도록 하세요. 아래쪽에서 **색상**을 선택하고 오른쪽의 **페인트 붓**을 선택한 후 해당 번호의 픽셀(점)을 드래그하거나 클릭하여 칠하면 돼요.

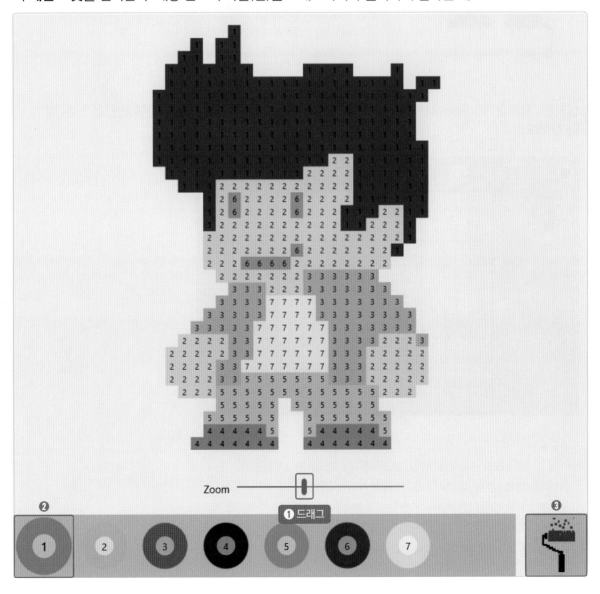

1 앞에서 선택한 이미지의 색칠을 완성한 후에 이미지 파일로 저장하여 친구나 선생님께 이메일로 전송해 보세요.

힌트★
· 완성 작품은 [Save Image] 버튼을 클릭하여 이미지 파일로 저장하거나 [Share] 버튼을 클릭하여 공유할 수 있습니다.
· 색칠을 완료해야 이미지를 저장할 수 있습니다.

2 설치된 '지뢰찾기(Minesweeper Simple)' 앱을 실행하여 지뢰(폭탄)를 피해 빈칸을 모두 찾아 보세요.

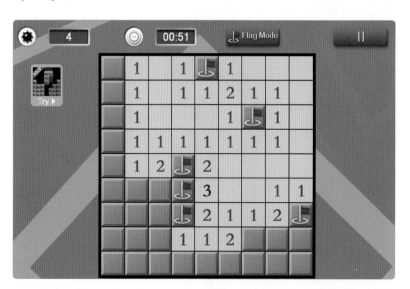

힌트★
① 첫 화면에서 게임 난이도(1차/중급/고급/맞춤) 중에서 하나를 선택합니다.
② 마우스 왼쪽 버튼을 클릭해서 지뢰가 나오면 게임이 끝납니다.
③ 마우스 왼쪽 버튼을 클릭해서 나온 숫자는 그 숫자 주위 8칸에 있는 지뢰의 개수입니다.
④ 지뢰가 있다고 생각되는 칸은 마우스 오른쪽 버튼을 클릭하여 깃발을 표시합니다.
⑤ 모든 지뢰를 찾으면 성공이며, 성공한 시간이 표시됩니다.

마이크로소프트 엣지로 정보 검색사 되기

영서는 학교에서 모둠별로 조선시대 임금에 대하여 발표를 하기로 했습니다. 영서네 모둠은 세종대왕을 주제로 정했고, 자료 조사는 영서가 하기로 하였습니다. 영서가 원하는 정보를 검색할 수 있게 도와주는 '마이크로소프트 엣지'라는 앱에 대해 살펴볼까요?

학습목표

★ 긴 글 "별 헤는 밤"을 연습하면서 타자 실력을 확인할 수 있습니다.
★ 마이크로소프트 엣지 앱으로 인터넷을 여행할 수 있습니다.
★ 현재 페이지를 즐겨찾기에 추가하고 즐겨찾기 모음을 표시할 수 있습니다.

미리 보기

직업 알아보기

» 정보 검색사

인터넷을 이용하여 국내외에서 자료를 검색하고 필요한 정보를 찾아 제공해 주는 사람입니다. 수많은 자료 중에서 필요한 정보를 빠르고 정확하게 찾기 위해서는 전문적인 지식과 기술이 필요합니다.

마이크로소프트 엣지는 어떤 앱일까요?

· 인터넷을 통해 정보를 이용하기 위해서는 **웹 브라우저(Web Browser)**라고 하는 앱이 필요해요.

· 웹 브라우저는 마이크로소프트 엣지, 크롬, 파이어폭스, 사파리 등 다양한 종류의 앱이 있어요.

· **마이크로소프트 엣지(Edge)**는 윈도우 10에 기본적으로 내장되어 있는 웹 브라우 저 앱이에요.

네이버에 접속하여 정보 검색하기

01 작업 표시줄에서 **마이크로소프트 엣지(Microsoft Edge)** 아이콘(🌐)을 클릭하세요.

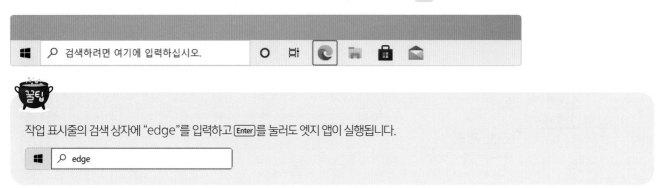

 작업 표시줄의 검색 상자에 "edge"를 입력하고 [Enter]를 눌러도 엣지 앱이 실행됩니다.

02 네이버 웹 사이트에 접속하기 위해 엣지의 검색 주소창에 **"www.naver.com"**을 입력하고 [Enter]를 누르거나 **"naver"**를 입력하고 [Ctrl]+[Enter]를 누르세요.

사이트명만 입력하고 [Ctrl]+[Enter]를 누르면 검색 주소창에 입력된 텍스트의 시작 부분에 "www.", 끝 부분에 ".com"을 추가하여 "www.사이 트명.com"으로 완성합니다.

03 마이크로소프트 엣지에 대한 정보를 검색하기 위해 검색창에 **"마이크로소프트 엣지"**를 입력한 후 Enter 를 누르세요.

04 검색 결과 화면에서 **[지식백과]** 탭을 클릭한 후 **'마이크로소프트 엣지'** 항목을 클릭하세요.

05 새 탭이 추가되면서 마이크로소프트 엣지에 대한 자세한 정보를 확인할 수 있어요.

3 ▶ 탭 닫고 추가하기

01 [탭 닫기] 버튼(✖)을 눌러 탭을 닫으세요.

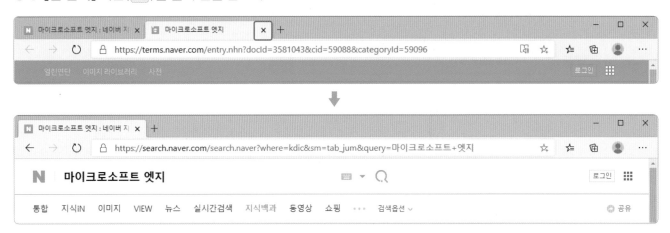

02 [새 탭] 버튼(➕)을 클릭하여 새 탭을 추가하세요.

4 ▶ 검색 주소창에서 검색하기

01 세종대왕을 검색하기 위해 검색 주소창에 **"세종대왕"**을 입력한 후 Enter 를 누르세요.

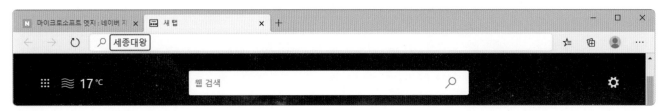

02 검색 결과 화면에서 위키백과의 **"조선 세종"**을 클릭하세요.

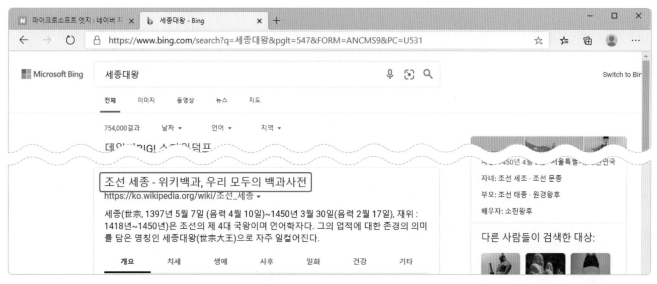

마이크로소프트 엣지의 검색 주소창에서 검색하면 Bing(빙)으로 검색됩니다.

03 새 탭이 추가되면서 세종대왕에 대한 자세한 정보를 확인할 수 있어요.

즐겨찾기에 추가하기

01 현재 페이지를 즐겨찾기에 추가하기 위해 검색 주소창 오른쪽의 **[즐겨찾기 추가] 아이콘(☆)**을 클릭하세요.

02 이름을 **"세종대왕"**으로 변경하고 **[완료]** 버튼을 클릭해요.

03 즐겨찾기 모음을 표시하기 위해 **[메뉴]-[즐겨찾기]-[즐겨찾기 모음 표시]-[항상]**을 클릭하면 즐겨찾기 모음이
표시돼요.

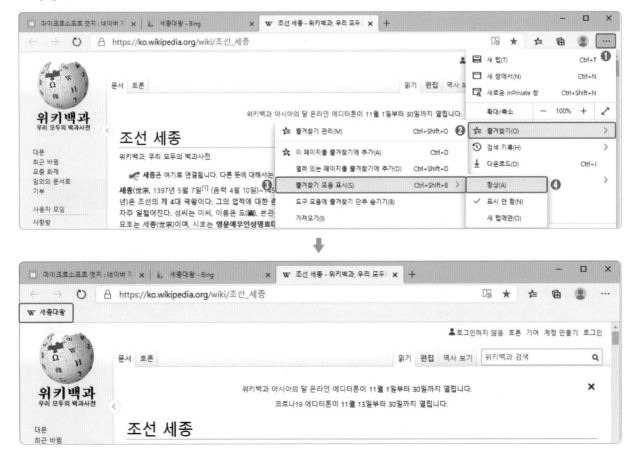

1 엣지를 실행하고 "행정안전부 어린이"로 검색하여 행정안전부 어린이 사이트에 접속해요. [안전 배움터]의 [소화기 사용법]을 확인한 다음 소화기 사용 순서를 올바르게 나열해 보세요.

① 손잡이 부분의 안전핀을 뽑아 주세요.
② 소화기를 불이 난 곳으로 옮깁니다.
③ 손잡이를 힘껏 움켜쥐고 빗자루로 쓸듯이 뿌립니다.
④ 바람을 등지고 서서 호스를 불쪽으로 향하게 합니다.

(   ) → (   ) → (   ) → (   )

2 네이버에서 "바른 인터넷 체조"를 검색한 후 동영상을 보며 체조를 따라해 보세요.

21 이메일 전송하는 우편집배원 되기

태윤이는 생일파티에 친구를 초대하기 위해 초대장을 보내려고 합니다. 만나서 전달해도 되지만 컴퓨터로 직접 만든 초대장을 이메일로 보내기로 하였습니다. 우리 모두 태윤이와 함께 이메일 계정을 만들고 이메일을 주고받아 볼까요?

★ 긴 글 "애국가"를 연습하면서 타자 실력을 확인합니다.
★ 이메일 계정을 만들 수 있습니다.
★ 이메일을 보내고 받은 이메일을 확인할 수 있습니다.

실습 파일 : 생일초대장.jpg

미리보기

직업 알아보기

» 우편집배원
편지나 소포 등의 우편물을 모아서 정해진 주소에 배달해 주는 사람입니다. 우편집배원은 미래창조과학부에 소속되어 있고, 택배원은 민간 택배 회사에 소속되어 있습니다.

편지를 보내본 적이 있나요?

01 편지는 마음을 전하기 위해 글을 써서 보내는 것이에요.

02 편지는 다음과 같이 보내요.

❶ 편지지에 받을 사람과 첫인사, 전하고 싶은 말, 끝인사, 쓴 날짜, 쓴 사람을 써요.

❷ 편지지를 편지 봉투에 넣어요.

❸ 편지 봉투에 보내는 사람과 받는 사람의 주소와 우편 번호를 쓴 후에 우표를 붙여요.

❹ 편지를 빨간 우체통에 넣으면 우편배달부를 통해 며칠 뒤에 편지가 전해져요.

이메일은 무엇일까요?

· 스마트폰으로 문자를 보내듯이 컴퓨터로 보내는 게 이메일(E-mail)이에요.

· 이메일은 스마트폰으로도 보낼 수 있어요.

이메일 계정 만들기

01 이메일 서비스를 이용하기 위해서는 **이메일 계정**이 필요한데, 네이버에서 회원 가입을 함으로써 이메일 계정을 만들어 볼까요?

02 마이크로소프트 엣지(Microsoft Edge) 앱을 실행하여 검색 주소창에 "**www.naver.com**"을 입력하고 [Enter]를 눌러 네이버에 접속한 후 오른쪽의 **[회원가입]**을 클릭하세요.

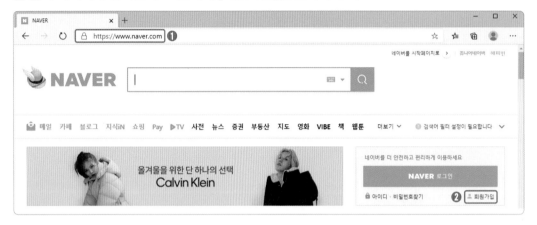

이메일 서비스를 제공하는 업체는 네이버뿐만 아니라 다음(www.daum.net), 구글(www.google.com) 등 여러 곳이 있습니다.

03 필수 동의를 체크하고 **[확인]** 버튼을 클릭해요. 아이디와 비밀번호, 개인 정보를 입력하고, **[휴대전화인증]** 또는 **[아이핀인증]**을 선택한 후 보호자 동의를 거친 다음 **[가입하기]** 버튼을 클릭하세요.

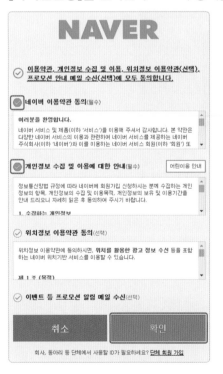

04 회원 가입이 완료되면 **[시작하기]** 버튼을 클릭하고, 아이디와 비밀번호를 입력한 후 **[로그인]** 버튼을 클릭하세요.

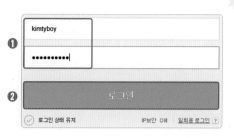

05 회원 가입이 완료되면 네이버 아이디와 여러분의 이메일 주소를 적어보세요.

· 아이디

· 이메일 주소

· 이메일 주소 형식은 'hoyath@naver.com'과 같이 '사용자 아이디@서비스 업체 인터넷 주소'로 사용합니다.
· '@' 기호는 '앳(at)'으로 읽는데, 우리나라에서는 보통 '골뱅이'라고도 합니다.

4 이메일 보내기

01 로그인이 완료되면 네이버 첫 페이지에서 오른쪽 위의 **[메일]**을 클릭하세요.

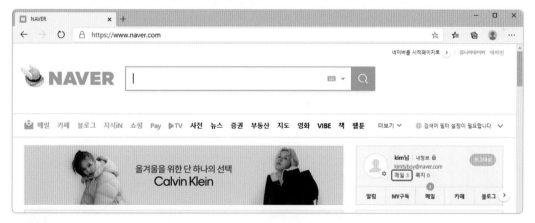

[메일]의 옆의 숫자는 읽지 않은 메일의 개수를 나타냅니다.

02 왼쪽 위의 [메일쓰기]를 클릭한 후 받는사람의 이메일 주소에는 친구의 이메일 주소를 입력하고, 제목과 내용을 입력해요.

03 생일초대장을 함께 보내기 위해서 파일첨부의 내 PC 를 클릭하고 [실습파일]-[21차시]의 '생일초대장.jpg'를 선택한 후 [열기] 버튼을 클릭해요.

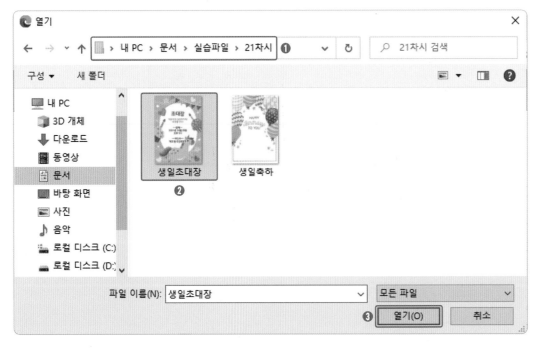

04 파일이 첨부된 것을 확인하고 **[보내기]** 버튼을 클릭하면 메일 전송이 완료돼요.

5 받은 메일 확인하기

01 친구가 나에게 보낸 메일을 확인하기 위해 네이버 첫 페이지에서 오른쪽 위의 **[메일]**을 클릭한 후 받은메일함에서 제목을 클릭하세요.

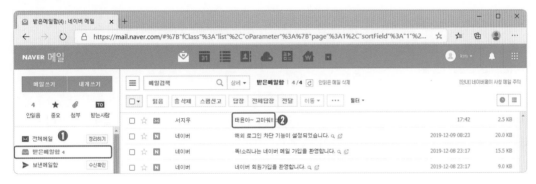

02 친구에게서 받은 이메일을 확인할 수 있어요.

혼자서 뚝딱뚝딱

1 '주소록'에 친구나 선생님, 가족의 연락처를 추가하면 메일 보낼 때 매우 편리해요. 위쪽 [주소록 ([📇])] 아이콘을 클릭하고 연락처 추가 를 눌러 연락처를 추가한 후 메일을 쓸 때 '주소록'에서 주소를 가져와서 메일을 보내 보세요.

힌트★
· [연락처 추가] 창에서 이름, 전화번호, 이메일 등을 입력한 후에 [저장] 버튼을 클릭하면 주소록에 연락처가 추가됩니다.
· 메일을 쓸 때 '받는사람' 주소 입력란 오른쪽의 주소록 을 눌러 주소를 선택한 후 '받는사람'의 추가(>) 버튼을 클릭하고 [확인] 버튼을 클릭하면 됩니다.

2 친구에게 받은 생일 초대 메일을 '답장' 기능을 이용하여 답장하면서 이미지편집 을 눌러 [실습파일]-[21차시]의 '생일축하.jpg' 파일을 불러와 다음과 같이 이미지를 편집하여 메일을 보내 보세요.

· 실습 파일 : 생일축하.jpg

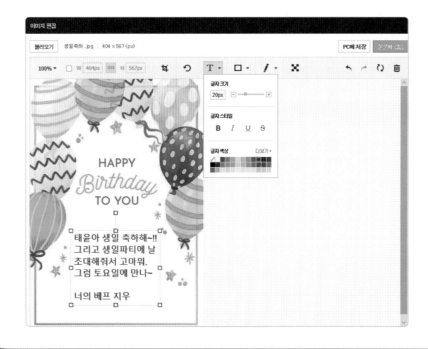

네이버 블로그로 파워 블로거 되기

일주일에 두 번 정도 일기를 쓰고 있는 지호는 방과후학교 컴퓨터 수업을 듣게 되면서 자신감이 생겨 인터넷을 통해 일기와 같은 글을 쓰고 친구들이 볼 수 있게 하면 좋겠다고 생각했습니다. 이럴 때 블로그를 이용하면 정말 좋다고 하는데, 블로그를 어떻게 이용하는지 살펴볼까요?

학습목표
★ 긴 글 "금도끼"를 연습하면서 타자 실력을 확인할 수 있습니다.
★ 내 블로그에 접속하여 글을 쓸 수 있습니다.
★ 내 블로그의 기본 설정을 바꿀 수 있습니다.

실습 파일 : 개구리빵.jpg, 프로필1~4.jpg

미리보기

직업 알아보기

» 파워 블로거
인터넷을 통해 자유롭게 글을 올릴 수 있는 공간인 블로그에 방문자 수가 매우 많아서 글을 올릴 때마다 수많은 사람들에게 막강한 영향력을 끼치는 사람입니다.

블로그 접속하기

01 [시작(⊞)]-[Microsoft Edge]를 클릭하여 엣지를 실행한 후 검색 주소창에 "www.naver.com"을 입력하고 Enter 를 누르거나 "naver"를 입력하고 Ctrl + Enter 를 눌러 네이버에 접속하세요.

02 오른쪽 위의 **NAVER 로그인** 버튼을 클릭하고 아이디와 비밀번호를 입력하여 로그인한 후 [블로그]를 클릭하고 아래의 [내 블로그]를 클릭하세요.

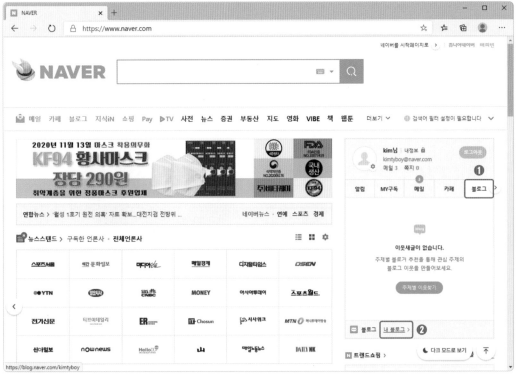

· 네이버 블로그는 따로 만드는 것이 아니라 네이버 회원 가입을 하면 자동으로 만들어집니다.
· 블로그에 처음 접속하면 도움말 화면이 뜨는데, 오른쪽 위의 닫기 버튼을 클릭하여 닫으면 됩니다.

03 나의 블로그에 접속이 돼요.

2 블로그에 글쓰기

01 일단 무작정 글을 써볼까요? **글쓰기**(✏ 글쓰기) 버튼을 클릭하여 제목과 본문을 아래와 같이 입력한 후에 사진 버튼을 클릭하여 **[실습파일]-[22차시]**의 '**개구리빵.jpg**'를 선택한 다음 **[열기]** 버튼을 클릭하세요.

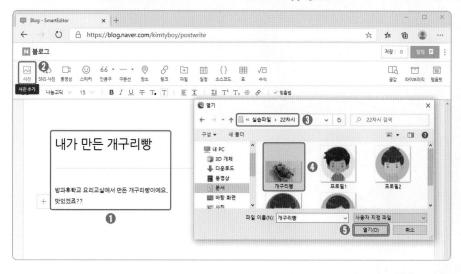

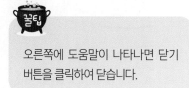

오른쪽에 도움말이 나타나면 닫기 버튼을 클릭하여 닫습니다.

02 그림이 삽입되면 오른쪽 위의 **[발행]** 버튼을 클릭한 후 아래의 **[발행]** 버튼을 클릭하세요.

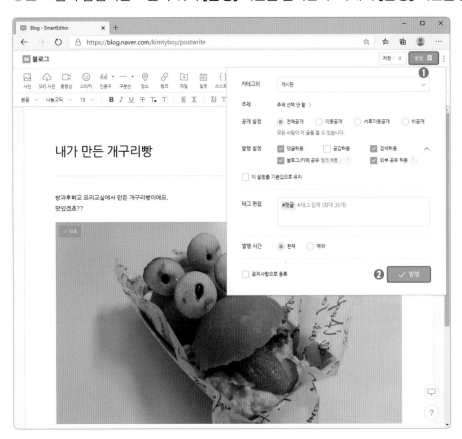

03 작성하고 발행한 게시물이 블로그에 등록돼요.

블로그 기본 설정하기

01 블로그의 기본 설정을 하기 위해 오른쪽 위의 **[내메뉴]–[관리]** 메뉴를 클릭하세요.

02 정보를 입력한 후 블로그 프로필 이미지의 **[등록]** 버튼을 클릭하여 나타난 팝업창에서 **[찾아보기]** 버튼을 클릭하세요. **[실습파일]–[22차시]**의 프로필 이미지를 선택하고 **[열기]** 버튼, **[확인]** 버튼을 차례대로 클릭한 다음 아래의 **[확인]** 화면 맨 아래 버튼을 클릭합니다.

03 위쪽의 **[내 블로그]**를 클릭하여 아래로 스크롤하면 설정한 대로 블로그 정보가 표시됩니다.

1 프로필 아래의 [관리] 메뉴를 클릭하고 위쪽의 [꾸미기 설정]을 클릭한 후 원하는 스킨을 적용해 보세요.

2 블로그에 오늘 있었던 일을 글로 작성해 보세요.

23 쥬니버로 레크레이션 지도자 되기

영서는 초등학교에 입학하기 전에 부모님 스마트폰에서 쥬니버에 접속하여 동요도 듣고 재미있는 게임을 해본 적이 있습니다. 컴퓨터에서 쥬니버를 이용하면 더 많은 놀이와 공부거리를 즐길 수 있다고 하는데, 다함께 컴퓨터에서 쥬니버를 여행해 볼까요?

학습 목표
★ 긴 글 "별"을 연습하면서 타자 실력을 확인할 수 있습니다.
★ 쥬니버(쥬니어네이버) 사이트에 접속할 수 있습니다.
★ 쥬니버에서 원하는 서비스를 자유롭게 이용할 수 있습니다.

미리보기

직업 알아보기

» 레크레이션 지도자
여러 행사에서 재미있는 프로그램을 준비하고 진행하는 사람입니다. 프로그램을 진행할 때에는 사회를 보고 노래나 율동, 게임 등을 하면서 사람들을 즐겁게 해줍니다.

쥬니버(쥬니어네이버) 접속하기

01 작업 표시줄에서 **마이크로소프트 엣지(Microsoft Edge) 아이콘(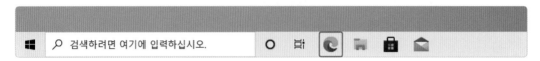)**을 클릭하세요.

02 쥬니버 웹 사이트에 접속하기 위해 엣지의 검색 주소창에 "**jr.naver.com**"을 입력하고 Enter 를 누르거나 "**jr. naver**"를 입력하고 Ctrl + Enter 를 누르세요.

엣지의 검색 주소창에 "쥬니버" 또는 "쥬니어네이버"를 입력하고 Enter 를 누른 후 검색 결과에서 쥬니버 웹 사이트를 클릭해도 됩니다.

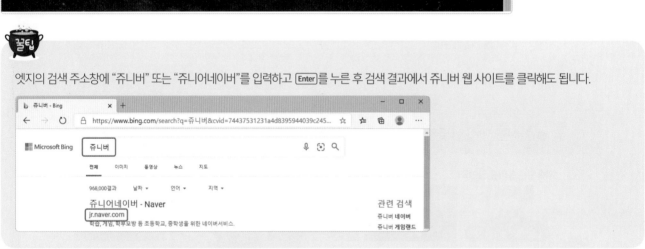

03 쥬니버의 주요 메뉴는 [동요], [동화], [TV동영상], [놀이학습], [키즈엔터]이며, **[더보기]**를 누르면 다음과 같이 추가 메뉴들이 나타나요.

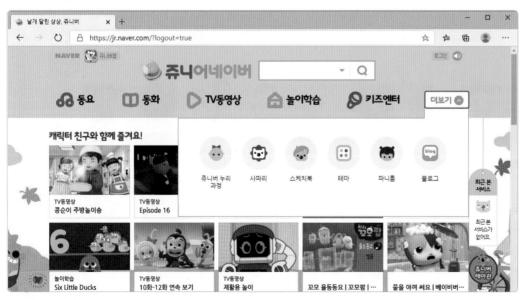

쿵작쿵작 신나는 동요 듣기

01 동요를 듣기 위해 왼쪽 위의 [**동요**] 메뉴를 클릭하고 바로 아래의 [**교과서동요**]를 클릭하세요.

 마우스로 클릭이 가능한 부분은 마우스 포인터가 🖑 모양으로 바뀝니다.

02 아래에서 [**인기**] 탭을 클릭하고 [**한국을 빛낸 100명의 위인들**]을 클릭하세요.

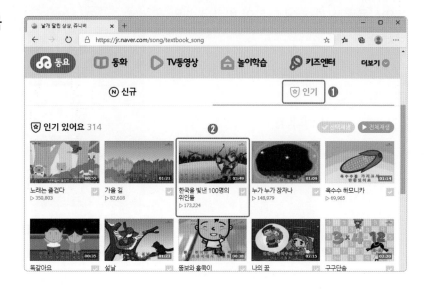

03 교과서에도 나오는 동요를 재미있는 애니메이션과 함께 감상해 보세요.

원하는 콘텐츠 검색하여 즐기기

01 검색창에 **"코딱지"**를 입력하고 검색 버튼(🔍)을 클릭한 후 동영상 중에서 **"코딱지 먹으면 안 돼요?"**를 클릭하세요.

02 선택한 동영상이 자동으로 재생되며, 동영상을 감상한 후에 다음의 빈칸을 채워 보세요.

□□□ 이 막지 못한 더러운 먼지들을 끈끈한 □□□□□ 이 잡고, 그게 굳어서 □□□ 가 됩니다.

 동식물이 가득한 사파리 체험하기

01 동식물들이 살아가는 모습과 움직임을 영상과 사진으로 만날 수 있는 [사파리]를 이용하기 위해 [더보기]를 클릭하고 [사파리]를 클릭하세요.

02 [사파리] 첫 화면에 동물원과 식물원
이 있는데, 몸에 좋은 버섯을 보기 위해 식물
원의 **[버섯과 고사리류]**를 클릭하세요.

03 다양한 버섯과 고사리 중에서 재미있
는 이름의 **[노루궁뎅이버섯]**을 클릭하세요.

04 노루궁뎅이버섯의 동영상/사진, 식물 정보를 확인하고, 식물 카드까지 출력할 수 있어요.

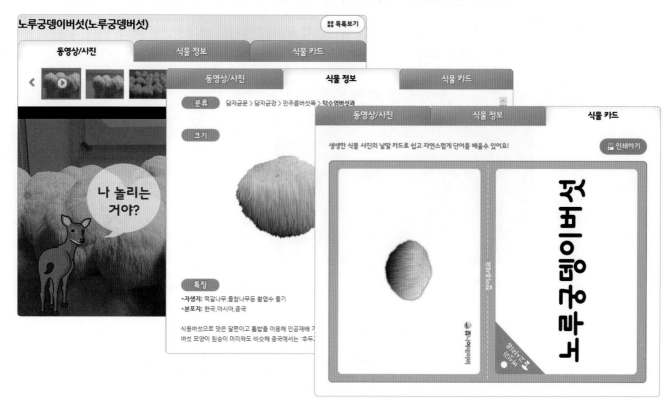

혼자서 뚝딱뚝딱

1 쥬니버에서 [더보기]-[사파리] 버튼을 눌러서 [동물원]-[양서류마을]에서 도롱뇽의 동물 정보를 읽어 보고 다음의 빈칸에 내용을 채워보세요.

· 짧은 네 개의 다리를 가지고 있고 앞발가락은   개, 뒷발가락은   개이다.

· 도롱뇽은 물에서 태어나 외부   로 호흡을 하며 어린 시절을 보내다가 다리가 나오면 물에 올라와   로 호흡을 한다.

2 쥬니버에서 "영웅송"을 검색하여 동요를 들으면서 우리의 역사를 빛내주었던 머리, 어깨, 무릎, 발이 각각 누구인지 써보세요.

· 머리   · 어깨

· 무릎   · 발

24 인터넷 게임으로 프로게이머 되기

영서는 컴퓨터나 스마트폰으로 게임을 지나치게 많이 하면 게임 중독에 빠질 수 있다고 들었습니다. 하지만 학습에 도움이 되거나 두뇌 회전을 할 수 있는 게임은 적당히 하면 좋은 효과가 있답니다. 그럼 다함께 인터넷 학습 게임의 세계로 떠나볼까요?

★ 긴 글 "어린왕자"를 연습하면서 타자 실력을 확인할 수 있습니다.
★ 어린이 정부포털 사이트에 접속하여 게임을 이용할 수 있습니다.
★ 외국 학습 게임 사이트에 접속하여 게임을 이용할 수 있습니다.

미리보기

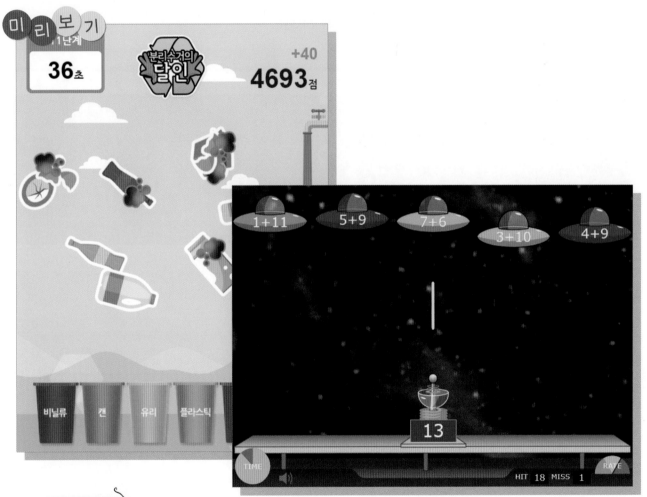

직업 알아보기

» 프로게이머

컴퓨터 게임을 전문적으로 하는 사람입니다. 컴퓨터 게임에 대한 전략을 세우고 기술을 익혀 연습하면서 국내외 컴퓨터 게임 대회에 참가합니다.

분리수거의 달인 게임하기

01 엣지를 실행하여 검색 주소창에 **"어린이 정부포털"**을 입력하고 [Enter]를 누른 후 검색 결과에서 **'어린이 정부포털'**을 클릭하세요.

02 [재미있는 학습놀이터]-[게임은 즐거워] 메뉴를 클릭하세요.

03 여러 가지 게임 중에서 [분리수거의 달인]을 클릭하세요.

04 [START] 버튼을 클릭하여 주어진 시간 내에 재활용품 종류별로 수거함으로 드래그해 보세요.

 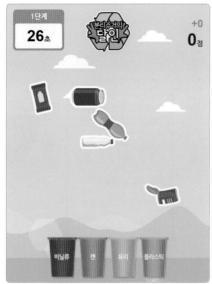 

05 11단계부터는 더러운 것들은 물로 깨끗이 씻은 후에 수거함에 담아야 해요.

06 몇 단계까지 갔는지 친구들과 대결해 보고, [분리수거 배출요령]을 클릭하여 내용을 확인해 보세요.

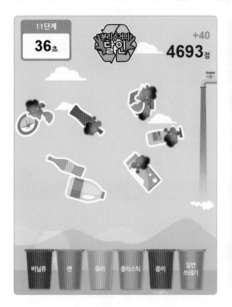  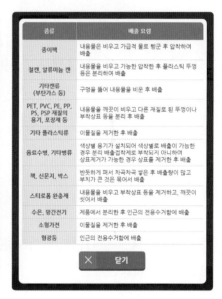

2 가로세로 낱말맞추기 게임하기

01 [가로세로 낱말맞추기 I]을 클릭하세요.

02 물음표를 클릭하여 문제를 확인하고 정답을 입력한 후에 [정답] 버튼을 클릭해요.

03 잘 모르는 문제는 [힌트]를 클릭하면 풀 수 있어요. 자, 그럼 환경 퀴즈에 도전해 볼까요?

수학 학습 게임하기

01 주소 표시줄에 "www.arcademics.com"을 입력하고 Enter 를 눌러 해외 학습 게임 사이트인 아카데믹스 (Arcademics)에 접속해요. **번역 옵션 표시(**🔤**)** 아이콘을 클릭하고 **[번역]** 버튼을 클릭해요.

02 **[성적]-[1학년]** 메뉴를 클릭한 후 덧셈식을 찾아 외계의 침공을 막는 수학 게임인 **[외계인 추가]**을 클릭하세요.

03 **[재생]** 버튼을 클릭하고 **[다음]** 버튼을 연속으로 클릭한 후 **[재생하려면 클릭하십시오]**를 클릭하여 게임을 시작 하세요. 방향키를 눌러 주어진 수에 해당하는 덧셈식으로 이동한 후에 Space Bar 를 눌러 침공을 막아 보세요.

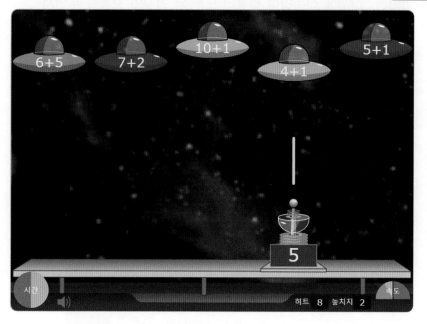

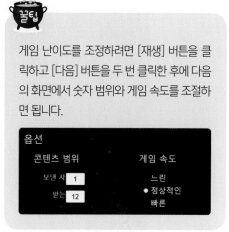

게임 난이도를 조정하려면 [재생] 버튼을 클 릭하고 [다음] 버튼을 두 번 클릭한 후에 다음 의 화면에서 숫자 범위와 게임 속도를 조절하 면 됩니다.

혼자서 뚝딱뚝딱

1 노블게임스(www.novelgames.com/ko)에 접속하여 [게임 플레이]-[수학]을 클릭한 후 "팬탠" 게임을 실행합니다. 단계 10까지 한 후에 "맞는 횟수"가 얼마인지 친구들과 비교해 보세요.

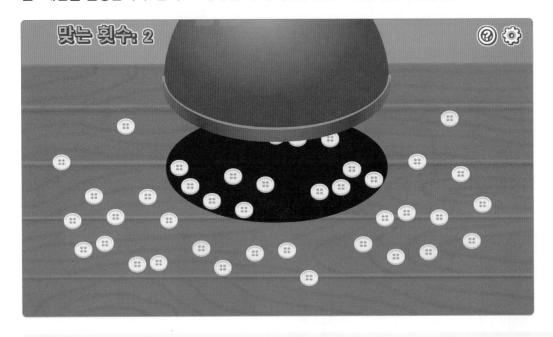

힌트★
오른쪽 위의 톱니바퀴 모양의 설정 아이콘을 클릭하면 전체 화면으로 변경할 수 있습니다.

2 알파오 오목게임(omok.ggemdol.com)에 접속하여 컴퓨터 또는 옆 친구와 오목을 두면서 서로의 실력을 겨뤄 보세요.